SITEJIAOYUXILIECONGSHU

培养科学幻想思维

《"四特"教育系列丛书》编委会　编著

吉林出版集团股份有限公司
全国百佳图书出版单位

图书在版编目 (CIP) 数据

培养科学幻想思维／《"四特"教育系列丛书》编委会编著 . —长春：吉林出版集团股份有限公司，2012.4
　　（"四特"教育系列丛书／庄文中等主编 . 爱学习，爱科学）
　　ISBN 978-7-5463-8683-6

　　I . ①培… Ⅱ . ①四… Ⅲ . ①科学知识－教学研究－中小学　Ⅳ . ① G633.72

　　中国版本图书馆 CIP 数据核字（2012）第 044119 号

培养科学幻想思维
PEIYANG KEXUE HUANXIANG SIWEI

出 版 人　吴　强
责任编辑　朱子玉　杨　帆
开　　本　690mm×960mm　1/16
字　　数　250 千字
印　　张　13
版　　次　2012 年 4 月第 1 版
印　　次　2023 年 2 月第 3 次印刷

出　　版　吉林出版集团股份有限公司
发　　行　吉林音像出版社有限责任公司
地　　址　长春市南关区福祉大路 5788 号
电　　话　0431-81629667
印　　刷　三河市燕春印务有限公司

ISBN 978-7-5463-8683-6　　　　　定价：39.80 元

前　言

　　学校教育是个人一生中所受教育最重的要组成部分，个人在学校里接受计划性的指导，系统地学习文化知识、社会规范、道德准则和价值观念。学校教育从某种意义上讲，决定着个人社会化的水平和性质，是个体社会化的重要基地。知识经济时代要求社会尊师重教，学校教育越来越受重视，在社会中起到举足轻重的作用。

　　"四特教育系列丛书"以"特定对象、特别对待、特殊方法、特例分析"为宗旨，立足学校教育与管理，理论结合实践，集多位教育界专家、学者及一线校长、教师的教育成果与经验于一体，围绕困扰学校、领导、教师、学生的教育难题，集思广益，多方借鉴，力求全面彻底解决。

　　本辑为"四特教育系列丛书"之《爱学习，爱科学》。

　　古今中外，许多成功人士都重视和强调学习方法的重要性。伟大的生物学家达尔文就曾说过："一切知识中最有价值的是关于方法的知识。"著名的大科学家爱因斯坦的成功方程式则是"成功＝艰苦的劳动＋正确的方法＋少说空话"。这也是爱因斯坦对其一生治学和科学探索的总结。我们不难看出正确的方法在成功诸因素中具有多么重要的位置。联合国教科文组织教育发展委员会在《学会生存》一书中指出："未来的文盲不再是不识字的人，而是没有学会怎样学习的人。"也就是说，未来的文盲不是"知识盲"，而是"方法盲"。所以，在教学中对学生进行正确学习方法的教育极具重要性。本书包括提高智力的方法及各种学习方法和各科学习方法等内容，具有很强的系统性、实用性、实践性和指导性。但要说明的是："学习有法，但无定法，贵在得法"。教师在教学中要注意因材施教，注意学生的个体差异，进而施以不同的方法教育，这样才能让学生掌握最适合自己的学习方法和学习的金钥匙，从而终身享用。

　　科学是人类进步的第一推动力，而科学知识的普及则是实现这一推动的必由之路。在新的时代，社会的进步、科技的发展、人们生活水平的不断提高，为我们青少年的科普教育提供了新的契机。抓住这个契机，大力普及科学知识，传播科学精神，提高青少年的科学素质，是我们全社会的重要课题。科学教育，是提高青少年素质的重要因素，是现代教育的核心，这不仅能使青少年获得生活和未来所需的知识与技能，更重要的是能使青少年获得科学思想、科学精神、科学态度及科学方法的熏陶和培养。

　　本辑共20分册，具体内容如下所示。

　　1.《智能提高有办法》

　　智能提高可能性，与遗传基因和后天因素息息相关。遗传因素我们无法改变，能够改变的就是尽量利用后天因素。本书针对学生如何提高学习智能进行了系统而深入的分析和探讨，并给予了切实的指导，对中小学生颇有启发意义，具有很强的系统性、实用性、实践性和指导性。

　　2.《高效学习有办法》

　　高效学习法是一种寓教于乐的教育方式和高效学习训练系统。它从阅读、记忆、速算、书写这四个方面入手，提高孩子的"速商"，让孩子读得快、学得快、算得快、记得快，迅速提高学习成绩。本书针对学生如何提高学习效率进行了系统而深入的分析和探讨，并给予了切实的指导，对中小学生颇有启发意义，具有很强的系统性、实用性、实践性和指导性。

3.《提高记忆有办法》

人的大脑机能都以记忆力为基础，只有记忆力好，学习、想象、创意、审美等能力才能顺利发展。那么如何才能记得更多、记得更牢、更有效地提高记忆力呢？本书帮助你找到提高记忆力的秘密，将记忆能力提升到顶点。本书针对学生如何提高记忆力进行了系统而深入的分析和探讨，并给予了切实的指导，对中小学生颇有启发意义，具有很强的系统性、实用性、实践性和指导性。

4.《阅读训练有办法》

本书以语境语感训练为主要教学法，以日常生活中必读的各种文体、范文讲解及阅读材料的补充为内容，从快速阅读入手，帮助学习者提高汉语阅读水平。学生在学习的过程，根据实际情况选用适合的学习方法，定能收到事半功倍的效果。

5.《轻松作文有办法》

写作是汉语的重要组成部分，在汉语中有举足轻重的地位。人们抒发感情需要写作，总结经验教训需要写作，记叙事件需要写作……总之，无论学习、工作、生活都离不开写作。本书针对学生如何提高写作能力进行了系统而深入的分析和探讨，并给予了切实的指导，对中小学生颇有启发意义，具有很强的系统性、实用性、实践性和指导性。

6.《课堂学习有办法》

课堂听课是学生在校学习的基本形式，学生在校学习的大部分时间是在听课中度过的。听课之所以重要，是因为大部分知识都得通过听老师的讲课来获取。要想学习好，首先必须学会听课。本书针对学生如何提高课堂学习能力进行了系统而深入的分析和探讨，并给予了切实的指导，对中小学生颇有启发意义，具有很强的系统性、实用性、实践性和指导性。

7.《自主学习有办法》

自主学习是与传统的接受学习相对应的一种现代化学习方式。以学生作为学习的主体，通过学生独立的分析、探索、实践、质疑、创造等方法来实现学习目标。本书针对学生如何提高自主学习能力进行了系统而深入的分析和探讨，并给予了切实的指导，对中小学生颇有启发意义，具有很强的系统性、实用性、实践性和指导性。

8.《应对考试有办法》

考试主要有两种目的：一是检测考试者对某方面知识或技能的掌握程度；二是检验考试者是否已经具备获得某种资格的基本能力。如何有效地准备考试，可分成考试前、考试中、考试后三个部分做说明。本书针对学生如何应对考试进行了系统而深入的分析和探讨，并给予了切实的指导，对中小学生颇有启发意义，具有很强的系统性、实用性、实践性和指导性。

9.《文科学习有办法》

综合文科的学习旨在帮助学生学会学习，学会分析研究人与自然、人与社会、人与自身关系中的现实问题，学会探讨解决问题的方法等，帮助学生树立终身学习的观念。在这个过程中不断培养学生的实践能力、创新意识和创造力。本书针对学生如何提高文科学习能力进行了系统而深入的分析和探讨，并给予了切实的指导，对中小学生颇有启发意义，具有很强的系统性、实用性、实践性和指导性。

10.《理科学习有办法》

理科学习要形成良好的学习习惯和有效的学习方法。总的来说，科学的学习方法可用如下此歌谣来概括：课前要预习，听课易入脑。温故才知新，歧义见分晓。自学新内容，要把重点找。问题列出来，听课有目标。听课要专心，努力排干扰。扼要做笔记，动脑多思考。课后须复习，回忆第一条。看书要深思，消化细咀嚼。本书针对学生如何提高理科学习能力进行了系统而深入的分析和探讨，并给予了切实的指导，对中小学生颇有启发意义，具有很强的系统性、实用性、实践性和指导性。

11.《组织阅读科学故事》

在我们生活的各个角落，疑问几乎无处不在，而这些疑问往往能激发孩子们珍贵的求知欲，它能引领孩子们正确地认识和了解世界，并进一步地探知世界的奥秘，是早期教育最为关键的环节。为了让孩子们更好地把握时代的脉搏，做知识的文人，我们特此编写了这本书，该书真正迎接了青少年的心理，内容涵盖广泛，情节生动鲜活，无形中破解孩子们心中的疑团，并且本书生动有趣，是青少年最佳的课外读物。

12.《培养科学幻想思维》

幻想思维是指与某种愿望相结合并且指向未来的一种想象，由于幻想在人们的创造活动中起着重要作用，在发明创造活动中应鼓励人们对事物进行各种各样的幻想，幻想思维可以使人们的思想开阔、思维奔放，因此它在创造中的作用是显而易见的。本书针对学校如何培养学生的幻想思维进行了系统而深入的分析和探讨，并给予了切实的指导，对中小学生颇有启发意义，具有很强的系统性、实用性、实践性和指导性。

13.《培养科学兴趣爱好》

怎样让学生对科学产生兴趣？这是很多教师都想得到的答案。想学好科学，兴趣很关键。其实，生活中的许多小细节都蕴涵着丰富的科学知识，大家完全可以因地制宜，为学生创造个良好的环境，尽量给学生提供不同的机会接触各种活动。本书针对学校如何培养学生的科学兴趣爱好进行了系统而深入的分析和探讨，并给予了切实的指导，对中小学生颇有启发意义，具有很强的系统性、实用性、实践性和指导性。

14.《培养学习发明创造》

发明创造是科学技术繁荣昌盛的标志和民族进取精神的体现。有学者预言，二十一世纪将是一个创造的世纪，而迎接这个创造世纪的主人，正是我们那些在校学习的孩子们。因此，对青少年进行发明创造教育，就显得极其重要了。心理学家研究表明，青少年的好奇心正是他们探索世界、改造世界、产生创造欲望的心理基础。通过开展青少年发明创造活动，鼓励青少年去发现新问题、提出新设想、实现新目标，这是培养他们的创新精神，提高他们的创造力的最好途径。

15.《培养科学发现能力》

阿基米德在洗澡时发现了阿基米德定律，牛顿看到苹果落地，最终得出了牛顿第一运动定律。在科学史上，这样的事例还有很多，它证明科学并不神秘，真理并不遥远，只要我们能见微知著，善于发问，并不断探索，那么，当你解答了若干个问题之后，就能发现真理。本书针对学校如何培养学生的科学发现能力进行了系统而深入的分析和探讨，并给予了切实的指导，对中小学生颇有启发意义，具有很强的系统性、实用性、实践性和指导性。

16.《组织实验制作发明》

科学并不神秘，更没有什么决定科学力量的"魔法石"，科学的本质在于好奇心和造福人类的理想驱使下的探索和创新。自然喜欢保守它的奥秘，往往不直接回应我们的追问，但只要善于思考、勤于动手、大胆假设、小心求证，每个人都能像科学大师一样——用永无止境的探索创新来开创人类的文明。本书针对学校如何组织学生实验制作发明进行了系统而深入的分析和探讨，并给予了切实的指导，对中小学生颇有启发意义，具有很强的系统性、实用性、实践性和指导性。

17.《组织参观科普场馆》

本书集中介绍了全国多家专题性科普场馆。这些场馆涉及天文、地质、地震、农业、生物、造船、汽车、交通、邮政、电信、风电、环保、公安、银行、纺织服饰、中医药等多个行业和学科领域。本书再现了科普场馆的精彩场景；科普场馆的基本概况、精彩展项、地理位置、开放时间、联系方式等多板块、多角度信息，全面展示了科普场馆的风采，吸引读者走进科普场馆一探究竟。本书是一本科普读物，更是一本参观游览的实用指南。通过本书的介绍能让更多的观众走进科普场馆。

18.《组织探索科学奥秘》

作为智慧生物的人类自诞生之日起就开始了漫长的探索进程，人类的发展史就是一部探索科学、利用科学史。镭的发现，为人类探索原子世界的奥秘打开了大门。万有引力的发现，使人们对天体的运动不再感到神秘。进化论的提出，让人类知道了自身的来历……探索让人类了解生命的起源秘密，探索让人类掌握战胜自然的能力，探索让人类不断进步，探索让人类完善自己。尽管宇宙无垠、奥秘无穷，但作为地球的主宰者，却从未停下探索的步伐。因为人类明白：科学无终点，探索无穷期。

19.《组织体验科技生活》

科技总是不断在进步着，并且改变着我们的生活，让我们的生活变得更加多彩。学校科学技术普及的目的是使广大青年学生了解科学技术的发展，掌握必要的知识、技能，培养他们对科学技术的兴趣和爱好，增强他们的创新精神和实践能力，引导他们树立科学思想、科学态度，帮助他们逐步形成科学的世界观和方法论。本书针对学校如何组织学生体验科技生活进行了系统而深入的分析和探讨，并给予了切实的指导，对中小学生颇有启发意义，具有很强的系统性、实用性、实践性和指导性。

20.《组织科技教学创新》

现在大家提倡素质教育，科学素质是素质教育的重要组成部分，学生科学素质培养的核心是培养学生的创新精神和创新能力，创新能力的培养、开发应从幼儿开始，在长期的教学、训练过程中逐步形成和发展。小学科技教学，在培养学生创新精神和创新能力中，起着举足轻重的作用。帮助学生树立新的观念，主动地、富有兴趣地学习新的科学知识，去观察、探索、实验现实生活乃至自然界的问题，在课内外展开研究性的教学活动等，是行之有效的。但是，科技活动辅导任重而道远，这就要求科技课教师不断探索辅导方法，不断提高辅导水平，为全面推进素质教育，实施科教兴国战略奠定坚实的人才和知识基础。

由于时间、经验的关系，本书在编写等方面，必定存在不足和错误之处，衷心希望各界读者、一线教师及教育界人士批评指正。

目　录

第一章

学生科学幻想思维指导

1. 科幻的定义及分类

科学幻想简称科幻,即用幻想艺术的形式,表现科学技术远景或者社会发展对人类的影响。

把科幻分为"软科幻"与"硬科幻",是科幻界内部流传最广的一个分类法。

具有理工背景的科幻作家,通常比较注重科学根据,对科幻因素的描述与解释也较为详尽,令读者不禁信以为真,这便是所谓"硬科幻"一派,而其中最"硬"的则非"机关布景派"莫属(请注意"硬"在此并没有"生硬"的涵义)。反之,一位科幻作家若是没受过理工方面的训练,在描写科技内容时便会避重就轻,而尽量以故事情节、寓意与人物性格取胜,他们的作品自然而然属于"软科幻"。

疑问马上就出现了:难道"硬科幻"就不需要有好的故事情节、寓意与人物性格吗?如果一部被划分为"硬科幻"的作品在这几方面做得很出色,又应该算是什么呢?相反,如果一个没有受过理工方面训练的科幻作家并没有"避重就轻",反而刻苦钻研科学知识,最终写出具有优秀科学内核的小说,难道又犯了什么禁忌吗?比如凡尔纳,就是被人们划为"硬科幻"作家的宗师。他只不过是一个典型的文学青年,他的自然科学知识完全是自学的。所以,叶李华先生给出的定义是不能定性的，并且还明显带着对文科知识背景作者的歧视。

我国在 20 世纪七八十年代便出现了类似的分类：重视科技含量的科幻小说是"硬科幻"，重视文学技巧的科幻小说是"软科幻"。当时，它们曾被称作科幻小说中的"重科学流派"和"重文学流派"。

凡此种种均经不起推敲。打个比方：一位厨师拿到一块猪肉，他可以选择红烧、爆炒、清炖等做法。或者，他可以在红烧猪肉、红烧牛肉、红烧鱼之间做选择。但他能够在"红烧"和"猪肉"之间选择吗？一个是原料，一个是烹饪方法，它们之间怎么能构成两极对立呢？科技是科幻小说的主题、题材和素材，文笔是科幻小说的技巧，这两个东西分别是小说的内容和形式，怎么能分彼此呢？

将科幻小说中的科学内容与文学形式分开，到了 20 世纪 90 年代又演变成将科幻小说中的"科学成分"与"人性成分"分开，认为主要写科学知识的作品是"硬科幻"，主要写人性的是"软科幻"。这样的定义更是危险。它的立论基础是：科学是反人性的东西，多一分科学便少一分人性，反之亦然。这种定义深入思考下去，会令人不寒而栗。因为它将把科幻，至少是所谓的"硬科幻"排除在文艺圈之外。

2. 科学幻想教育的现状

当郑文光的《从火星到地球》《飞向人马座》，叶永烈的《小灵通漫游未来》等一批优秀科幻作品逐渐成为我们记忆中永恒的风景，我们再难从当今这个科学技术日新月异的时代找到让我们眼前一亮或者心动不已的科幻作品了。

鲁迅先生早在 100 年前译完凡尔纳的《月界旅行》后就写道："导中国以行进，必自科幻小说始。"安徽评论家刘效仁认为，先有科学的幻想、科学的灵感、科学的思维，然后才有科学的创新和创造——这是为世界科学发展史所证明的一条成功路径。在上海交通大学科学史系主任、博士生导师江晓原看来，儒勒•凡尔纳幻想的 80 天环游地球、人类登月、大型潜水艇等在 20 世纪成为现实，说明幻想是有科学价值的。

2003 年，"中国科幻之父"郑文光的去世在中国引发了自 1999 年高考作文题目之后的又一次科幻热议。遗憾的是，这依然没有形成有利于中国科幻健康成长的环境。"在力倡科技原创与自主创新民族精神的当下，这成了我们共同的悲哀。"刘效仁这样说。

1904 年，作为西方工业革命副产品的科幻首次被鲁迅从国外引进。鲁迅认为，这种文学样式是改变国民劣根性的一剂良药。

20 世纪 80 年代，科幻遭到批判，被认为是"伪科学"，科学界也指责其为"对科学的污染"。1982 年，科幻小说经过姓"科"姓"文"之争被认为姓"文"之后，中国的科普、科技类报刊和出版社视科幻小说为异端，出版管理机关多次发文，将科幻小说扫地出门。尽管中国的纯文学刊物因"小说"两个字"收养"了科幻小说，然而纯文学的倡导者却并不重视科幻小说。

1999 年的高考作文使科幻命运渐入佳境，四川、湖南、北京等地的大学纷纷成立了科幻迷协会。据郑州轻工业学院科幻协会介绍，该协会以提高学生的综合素质、进行科学知识普及、激发创新与开拓意识、推动社会科幻文化的普及与发展为宗旨。协会通过开展各种活动来宣传科幻，使不少同学成为科幻迷。

尽管中国科幻经历了如此多舛的命运，但是王晋康等少数非专业的科幻作家还是引领着中国科幻创作向前发展。然而专家指出，目前创作人才的缺乏已经影响到中国科幻事业的良性发展。

老一代科幻作家金涛先生说，科幻作品很难写，作者不仅要有很好的文学功底，还要懂得科学，最好能够站在前沿，了解科技的最新发展动态。而现在的教育方式尤其是文理分科，造成想写科幻的因为不懂科学写不了，而懂科学的又大多写不好小说，限制了科幻作家的产生。有作家认为，科幻小说之难，在于既要有科学功底，又要有丰富的想象力，现在一般的作家完全不可能涉足科幻。

有专业人士认为，中国的科幻作家缺乏自由想象的灵性，相反，更多的是想象的禁锢、生存的压迫及思想的自我囚禁，不仅因为靠写科幻小说无法吃饱肚子，更因为还有许多有形无形的禁律束缚了手脚。另外，科学普及工作做得不够，国民整体科学素养不高，也直接影响了科幻小说的繁荣。科学精神是科幻作品的灵魂，科学精神尚未扎根，是科幻无法顺利发展的根源。

让我们重温 1999 年高考作文题——《假如记忆可以移植》，这道作文题在考生和家长中引起了强烈反响。有人说，出了偏题怪题，课本里没有。科幻作家吴岩说："此次高考作文不仅仅关注了科幻，而是把'科教兴国'落实到文科系中，让人们从语文中去关注科学。"

事实上，科幻不但关乎我们的想象力发展、创造能力及科学精神，更关系到一个国家的科技发展水平。

目前，科幻以其前瞻性、探索性和人文性带给人类预言和启迪，正指引人们在通向未来的道路上孜孜以求文明与进步，也正是这样的魅力让它在全世界拥有如此之众、不分年龄的受众，科幻将对我国正在大力推行的"科普教育"立下大功。

有一位科幻迷这样说："中国科幻还很年轻，年轻就意味着活力与朝气。科幻还会回到我们中间来，因为 21 世纪是一个科学的世纪。我们期待有人选择了航天事业、有人毕生致力于普及现代科学和倡导想象力'的局面再次来到我们身边。

事实上，我国中小学生还是比较偏爱读科学幻想方面的书籍的。据"我国城市儿童想象和幻想研究"课题组的一项调查表明，在对古代小说故事、现代小说故事、童话神话、幻想故事、科学幻想这五种类型的书籍按喜欢程度进行排序时，"科学幻想"得分最高，为 3.38；其次为"童话神话"，得分为 3.24；"幻想故事"以 3.17 的得分位居第三；"古代小说故事"和"现代小说故事"的排序均靠后，得分分别为 2.47 和 2.21。

为研究儿童想象力发展的影响因素，课题组设计了一组有关幻想、想象类书籍阅读的调查题目。当回答"你觉得阅读幻想类书籍对你有没有好处"的问题时，28.1% 的学生选择了"好处很大"；37.2% 的学生选择"好处较大"；持无所谓态度的学生有 17.1%；而认为"好处较小"的占 10.7%；仅有 2.4% 的学生选择了"没好处"。

当被问及"你觉得读幻想、想象类书籍的最主要好处是什么"时，选择"启发想象"的中小学生人数最多，高达 47.4％；其次为"在紧张的学习之后得到放松"和"满足自己的兴趣"，分别为 14.6％、13.5％；有 9.2％的学生认为读幻想类书籍可以"帮助提高学习成绩"；有 4.2％的学生以此"解闷"。从本次调查的结果来看，多数中小学生认为可以从阅读幻想、想象类图书中受益，它的好处是多方面的，能满足自己的不同需要，其中在启发想象方面的好处最为学生认可。

有趣的是，认为读幻想类书籍有好处的学生，同时也说他们的父母支持他们读幻想书籍。这说明家庭中父母的态度对子女有很大影响。

在回答"你认为现在为少年儿童出版的幻想故事和科学幻想类书籍够不够多"一题时，选择"认为不算太多"的被调查者为数最多，占 31.7％，再加上还有 11.9％的人选择了"认为根本不多"，两者合计，有 43.6％的中小学生认为这方面的出版物不足。选择"认为足够多了"的被调查者占 12.3％；还有 15.1％的人选择"认为相当多了"；其余的被调查者选择了"认为不多不少"。

本项调查的课题组由中国青少年研究中心、北京师范大学发展心理研究所和 21 世纪出版社等有关方面的专家联合组成。调查结果表明我国儿童希望看到更多适合自己阅读的幻想类书籍，应引起儿童文学工作者和出版者的重视。

在美国大学的科幻课堂上，教师给新学年新学生提出的第一个问题是："一个没有幻想的民族，会有热情、希望和生机吗？"让我们把这句话也送给正在建设创新型国家的中国。哲人也说:"一个缺乏科学想象力的民族是没有前途的民族。"让我们把这句话送给中国的科学事业,不仅因为科幻能为中国科学事业的发展加上一把强劲的力量,还因为它是我们创造力的源泉。科学事业健康发展的中国不能没有科幻!

3. 中小学教师要重视科幻阅读

科幻文学与人类的科学精神、科学理性、科学思维、科学预见、科学创造紧密联系,缺乏儿童文学和科幻文学的素养,就不是一个合格的中小学语文教师。

对广大中小学生而言,阅读科幻文学最重要的意义,在于培养、开发他们的创造性思维。我们可以从创作思维的角度把文学分为两大类:一类是幻想型的文学,一类是联想型的文学。幻想型文学强调创造性思维。创造又是什么呢?创造就是无中生有,就是创新、开拓,是在未知世界中开创出一个发展空间去实现人类的愿望、理想。这种类型的文学,需要用无边的幻想去点燃人们的审美激情。幻想型文学的核心文体就是科幻文学。因此,阅读科幻文学是提升人的创造性思维能力的重要途径。而联想型文学,主要强调现实性,通过捕写、反映、解剖现实,表现作家对现实人世的思考与评判。这种文学是制造性文学,所谓制造即是对已有的东西进行再加工,是通过作家对现实人世的提炼、加工、概括，使之更集中、更典型。

科幻文学不论是什么题材、内容，都是与人类的科学精神、科学理性、科学思维、科学预见、科学创造等紧密联系在一起的。因此，阅读科幻文学对培养青少年的科学精神，帮助他们建立科学的发展观具有重要作用。毕竟，科学同时也是双刃剑，如果缺乏人文精神，科学会对人类造成灾难性后果。在科幻文学中不乏作家对人类人文精神和科学精神的双重理解与思考，有的甚至具有深刻的批判意识，反思科学究竟给人类带来了什么，是福音还是祸害？阅读这一类科幻作品可以帮助青少年建立起正确的、全面的科学发展观与人文关怀、人文精神。

我们未来的世界与科学的联系将会越来越密切。青少年代表着未来，在这种情况下，青少年如何从文学作品中接近、了解、认识、把握科学是一件非常重要的事情。作为青少年，要是对科幻文学一无所知，恐怕对他们整体素质的养成不是一件好事。也可以说，今天的青少年，要建立起健全的精神素质，就应该有很好的科幻文学素养。

而且，现今的很多科幻文学作品是与人类面临的危机联系在一起的，比如能源危机、生态危机、环境危机等。通过阅读科幻文学能使青少年建立起善待地球、善待环境的正确理念。对维护我们的地球家园而言，青少年的科幻文学素养是不可或缺的。

那么，哪些科幻作品适合青少年阅读呢？

科幻文学在中国已经有百年历史了。早在 *1903* 年、*1906* 年，鲁迅先生就已经翻译了法国科幻文学大师凡尔纳的作品《月界旅行》《地底旅行》。作为新文化运动的先驱，鲁迅一再强调阅读科幻文学、创作科幻文学的重要性。他认为科幻文学具有改良思想，补助文明的特殊意义，并身体力行，写下了多篇倡导科幻文学的文章。我国科幻文学在 20 世纪初曾出现过一个翻译的热潮，以凡尔纳为代表的一批西方科幻作家作品就是在这一时期被翻译过来的。

20 世纪 30 年代是我国科幻文学发展的又一重要阶段。在抗战救国的背景下，文学界、教育界力倡"科学救国"，出现了新一轮科幻文学翻译与创作的高涨。这一时期的重要译作有法国作家法布尔的《昆虫记》《科学的故事》，苏联作家伊林的《十万个为什么》等。

从总体上说，进入 20 世纪八九十年代，尤其是 20 世纪 90 年代后期，我国科幻文学在创作、理论批评等方面都出现了上升的势头。郑文光、刘兴诗、叶永烈、童恩正、金涛等是代表性人物，叶永烈的《小灵通漫游未来》是非常优秀的科幻作品。20 世纪 90 年代后期涌现了一批科幻文学的年轻生力军，他们主要集中在北京地区，如韩松、吴岩、刘慈欣、王晋康、星河、赵海虹等，他们是非常有影响力的科幻新秀。他们的创作在对科幻文学的理解、科幻文学的精神，以及科幻文学创作的题材和内容、创作手法等方面都具有直接与国际接轨的特点。20 世纪 90 年代后期以来，科幻文学的出版非常红火。一些少年儿童出版社还把出版科幻文学作为他们的主打品牌，有力地促进了科幻文学市场的繁荣。

近年来，我们在科幻文学理论建设方面也取得了重大突破。我国大的人文背景十分有利于科幻文学的发展，为未来科幻文学发展指明了方向，我们完全可以预见，科幻文学在创作、研究、出版等方面都必将呈现上升的势头。

同时，现代网络的发展也推动了科幻文学的复兴。借助网络，科幻文学创作、发表、传播、批评、对话等方面都变得非常方便快捷。科幻文学的读者主要是青少年，他们同时又是网民中的最大群体，因此通过网络，科幻文学将产生更为广泛、直接的影响。

为了培养青少年的科幻阅读意识，中小学教师应该做以下努力。

教师尤其是语文教师本身应有很好的文学素养。在新时期背景下，特别需要提升两类文学素养：一类是儿童文学的素养，另一类就是科幻文学的素养。缺乏这两方面的素养，就不能成为一位合格的中小学语文教师。因为缺乏这两种素养，他们将没有能力去帮助学生解读课本中大量的优秀的儿童文学与科幻文学作品。所以，很重要的一点是，他们要掌握有关儿童文学和科幻文学的内容，要从阅读作品和提高基础理论两个方面去提高修养。

中外科幻文学的经典名著很多，青少年阅读应注重不同的年龄阶段，教师、出版社都有责任帮他们挑选内容合适的作品。一般来说，我国专业的少年儿童出版社出版的科幻作品，都比较关注少年儿童的阅读心理、接受能力，在文字深浅等方面都有相应的处理，因而比较适合中小学生阅读。

对于高中以上的读者，需要强调的是，他们的阅读兴趣、接受能力已经有很大程度的提高，具备了自主选择的能力，应该更多地关注科幻经典原著，关注著名作家的作品，不宜再去读缩写、改编的著作。

当前的教育大环境或许并不利于在学校推动科幻文学的课外阅

读，但笔者认为，我们还是有必要增强科幻文学意识，这对我们的教育改革来说是有益的。

4．作文课上的科幻教育

宋健同志指出："科幻是培养一个民族科学精神的摇篮。"在变应试教育为素质教育的今天，素质教育中最重要的是创新能力的培养。看科幻、听科幻、读科幻、写科幻是一条培养少年儿童创新能力的有效教育途径，有利于全面提高中小学生的科幻写作素养。目前国内虽已有少数中学开展了校园科幻作文的研究，但在有些学校里，科幻作文的研究还是空白，可以说是"无科幻"。针对此现状，进行中小学科幻作文的研究具有时代前沿性，符合当前教育发展的需求，是一种全新的教育思想。其真正的价值在于它能让中小学生淋漓尽致地发挥丰富的想象力，在时空的想象区域中挣脱因循守旧、困保传统的羁绊，这是最难能可贵的。因而，写科幻作文对全面提高中小学生的科学素质和写作素养具有深远的现实意义。

科幻作文的特征

（1）故事的趣味性。中小学科幻作文首先要具有趣味性。让几千万中小学生人人爱科幻、读科幻、写科幻，并把那些沉湎于网络游戏中的孩子拉回来，在生动紧张、妙趣横生的虚构的情节中扩展胸襟、增长知识、识别善恶、热爱科学。

（2）内容的科学性。科幻的真正贡献在于它能通过动人的故事，让读者贴近未来，因而内容的科学性又是其重要的特征。让中小学生在具体生动的故事中潜移默化地受到新科技的影响，同时借助于故事中的主人公，让读者意识到现代化进程中科学的发展和无限多样的可能性的存在。

（3）环境的特殊性。由于科幻本身的高瞻远瞩，再加上科技的迅猛发展给人们带来了巨大的影响，因而中小学生科幻作文中的环境描写具有特殊性。一是以其所在的学校社会为背景，二是并非局限于地球，而是广阔的宇宙空间为背景。

（4）时空的未来性。学生中的不少科幻作文跨越了数十年的时空，具有前瞻性，给予人们警示，向人们勾画未来的蓝图，读者会毫不费力地领悟。例如：一个学生写的《太空学校》，小主人在月亮上荡秋千，在星际空间捉迷藏，在银河系、河外星系旅游……广阔的时空，无限的遐想，可以说是淋漓尽致地发挥了中小学生的想象力。

科幻作文对于学生来说是既陌生又神秘的，因为他们从来也没有写过这类作文，甚至连接触这类科幻故事的机会也不多，所以必须首先要解决中小学生怕写作文的心理障碍，要让他们从活生生的科幻故事中激发写作的动机和兴趣。

科幻作文的实施

（1）视听结合、讲读交互、创设氛围。科学幻想一般以故事的形式向学生展示貌似真实却又并不存在的新兴科技，置新观念、新思路于公众之中，激发学生的想象力，使他们置身于丰富的遐想。视听结合、读写交互，是其主要的实施途径。

观看科幻影视片。选择适合学生观看的影视片，定时、定期给学生播放，以营造良好的科幻氛围，激发学生自己写科幻作文的兴趣。例如，学校可以在双休日或假期组织学生观看《昆虫总动员》《星球大战》《超人》等世界十大科幻影视片，激发学生的科幻情感。

读讲科幻故事。先让学生广泛搜集科幻故事，尽可能地开放学校图书馆，建立班级科幻图书角，让学生有充分接触科幻故事的空间。对科幻故事有一定的了解和感性认识后，再让学生阅读科幻故事，一星期抽一节课时间为科幻作文课，采用演讲、故事会、绘画等形式让学生欣赏优秀的科幻作品，促使学生对科幻故事有一个比较深刻的理解，通过讲读交互进行，培养学生的创作欲望。

（2）方法指导、科幻创作。学生有了一定的认识后，教师要给予必要的写作方法的指导，然后鼓励学生创作。

范文赏析。教师应列举一些典型的优秀科幻故事。例如，《闪电摩托》一文的情节安排的特点，知识的科学性，想象的奇特性，表现手法的多样性，从中初步掌握科幻作文的创作方法。等学生有了一定的创作欲望，掌握了一定的方法之后，要不失时机地引导学生自己动手写一写科幻作文，编一编科幻故事。

从"校园科技畅想"入手。学生对科幻作文的创作是首次接触，存在一定的难度，因而教师要经常给予鼓励、指导。学生对校园生活比较熟悉，具体创作时，可以从"二十一世纪校园科技畅想"入手，让学生展开想象的翅膀，尽情地自由发挥。

（3）组织比赛，全面提高。通过以上视听结合、读写交互的训练，学生的创作劲头更足了。这时，教师应及时地组织学生参加"校园科幻作文"大赛活动，以提高学生的科幻写作素养。

科幻作文的启迪

（1）写科幻作文的目的不光是普及科学知识，更重要的是在中小学生写作的同时，发展自身丰富的想象力，同时又获得一些科学知识。

（2）科幻作文能引起中小学生的好奇心，激发学生的求知欲，成为科学的启蒙手段。科幻作文的作用在于对中小学生进行科学的"启蒙"与"启迪"，因而有别于一般的科普读物，应把它看作是科学的启蒙手段。

（3）少年儿童喜欢读科幻，确实是一个事实。中小学生只有在读了许多有益的科幻故事后，在学会用新的思维方式、思考方式之后，才有可能写出高水平的科幻作文。通过一系列的科幻作文的实践研究，能够丰富学生的想象力，增强学生的创新能力，活跃学生的思维。

5. 美术课中的科幻教育

创新是一个民族的灵魂，是国家兴旺发达的不竭动力，教育活动能否培养出具有创新精神和创新能力的人才，不仅关系到个体的生存和发展，而且关系到国家和民族能否屹立于世界民族之林，能否肩负起实现中华民族伟大复兴中国梦的历史使命。美术教育被公认为是培养创造力最具成效的学科之一，是培养学生创造意识和创造能力的良好渠道和途径。

"幻想是创造力的源泉之一，人类没有幻想就不可能有社会文明的进步。"少年儿童科学幻想绘画，简称"学生科幻画"。它是学生在自己已有生活经验的基础上，通过科学的想象，应用绘画的表现形式，表达自己对世间万物、未来社会发展的遐想。美术教师指导学生科幻画应从以下三方面入手：

欣赏作品，激发兴趣

科幻画作品能够使学生了解科幻内涵并激发学生的学习兴趣。在教学中，教师首先要注意搜集一些优秀的科幻画作品。这些作品可以是图片，也可以是学生创作的原件，作品的来源可以从网上下载，也可以是本校以往学生创作的作品。

其次，教师要将平时搜集到的科幻画作品进行直观展示，让学生欣赏、质疑，同时教师要做出适当的讲解，让学生了解科幻画的内涵。例如，有学生从电视的报道中，知道了我国沿海各地因遭受暴风雨的袭击，许多房子被无情的洪水冲毁，她想，如果能制造出一种"能升降的房子"那该多好啊！在这种思想主导下，她画了一幅《能升降的房子》，从画面上，可以清楚地看到有一根粗大的弹簧，弹簧下面是三个呈三角形形状的轮式柱子和汹涌的洪水。弹簧上面画的是安然无恙的普通住房……接着，教师引导学生质疑，有的问道："这种房子是怎样建成的？"有的问道："这房子为什么能够升降？"……最后我们得出结论：因为这种房子是应用了弹簧能伸缩的科学原理建成的，是一种具有高科技含量的房子，所以它能升降而不会被洪水冲倒，这也是科幻画与神话、童话的本质区别。这样，学生就明白了科幻画创作原来是这么一回事，从而消除了学生对科幻画创作的神秘感。

最后，教师要激发学生的学习兴趣。除了让学生欣赏大量的不同题材的、不同表现形式的科幻画作品，教师还应采取以下三种方式来激发学生学习科幻画的兴趣：一是给学生讲述国内外学生所创作的科幻画已变成现实的故事。例如，上海的杨浦、南浦大桥就是桥梁专家看了学生的科幻画作品后设计出来的故事，许多国家现在已经把学生喜欢描绘的火星、金星探测器成功地发射到太空的故事等。二是开展"我是未来设计师、未来的……"等一系列主题讨论活动来激发学生的学习兴趣。三是带领学生参观科技馆，观看科技小制作、小发明的图片或实物展览等。

走进生活，选定主题

目前，学生的科幻画作品主题内容雷同现象比较严重，其中最多的就是未来太空和海底探险，好像科幻画除了画太空和海底，就没有其他题材。针对这种情况，教师要带领学生走进生活，引导他们对自然、社会现象的观察，了解生活中一些有关的科技知识，以此来拓宽科幻画内容就显得尤为重要。

孩子的想象经常是建立在自身生活经验的基础上的。在教学中，教师要引导学生走进生活，从自己身边的事物开始观察，鼓励他们采用"更现代化""更理想"的标准去大胆质疑。例如：

（1）在生活中，你认为哪些产品不够"现代化"？哪些地方可以再改进？

（2）你知道有哪些问题人类目前无法解决？

（3）未来有哪些自然灾害可以避免或能将其变害为利？

……

学生在观察、体验生活的过程中果真发现了许多问题，可归纳为：环保问题、能源问题、自然灾害问题、医疗保健问题、生命问题、海洋问题、宇宙空间问题等。每个问题都可逐级再分成许多小问题，科幻画的主题内容也就在学生的一个个"胡思乱想"的问题中产生了。

在广泛的科幻画主题中，教师要有意识地指导学生根据自己的实际来选定科幻画主题。例如，某同学看见爸爸换煤气，就想到要是有一种灶具可供人们使用，又无毒无害，还可以解决燃料燃烧产生的空气污染问题，会给人们的生活带来极大的便利。于是她设计了一种灶具可吸收空气中的氢气（H_2）作为燃料、燃烧可生成水（H_2O）不污染空气，又可合理利用能源的《未来灶具》。当然，在指导选题的过程中，教师应尊重学生的选择，也许教师不经意的一句话能影响学生的一生。

讨论方案，解决表现

教师在学生选定主题后，安排了讨论交流这个环节，这时，学生大脑会高度亢奋，畅所欲言，解决问题的好办法会层出不穷。例如：有一位同学原来选定的主题是"废气回收站"，原想是让这个"回收站"把大气层中的"废气"（有害气体）回收后进行贮存，从而达到净化空气的目的。但是，在讨论交流的过程中，有的说："世界上每天排出那么多'废气'，搜集时间一长，'回收站'万一容纳不了，怎么办？'回收站'存贮那么多的'废气'，如果发生泄漏，后果岂不是更可怕？"有的说："如果能将'废气'经'处理'后转变成'新鲜空气'，那该有多好啊！"……同学们纷纷发表自己的看法，最后一致认为：在回收"废气"的同时，将"废气"进行"处理"转变成"新鲜空气"后排出，转换过程中产生的"能量"用来发电，造福人类。于是这位同学创作了《废气搜集处理中心》，获得了同学们的好评。

创造使一个人充满智慧，创造使一个国家充满希望。在美术课堂教学中，知识应该是激活、唤醒和培养学生创新精神与创新能力，使学生成为创造性思维的人。引导学生学会自己塑造自己，启发自主意识的觉醒，不限制他们的才能。

对于采取哪一种画种来进行表现，则可根据学生的年龄、爱好和特长而定，不管是中国画、油画、水粉画、水彩画，还是素捕、版画、剪贴画、蜡笔画等，任何画种都可以成为科幻画的表现形式。

6. 激发学生科幻画思维的方法

科幻画是众多艺术领域中的一种具有独特的绘画表现原形式，科幻画创作有别于其他绘画形式的创作，它具有一定的科学性与艺术性。科幻画，即科学幻想画。作为科学艺术星空中的璀璨新星，科幻画越来越博得广大少年儿童的喜爱，越来越对科幻画的创作产生极大的兴趣，时下已成为当今少年儿童乐于介入的一项有益的科普教育活动。因为这一活动有利于培养少年儿童的科学想象力和创造意识，使他们从小就尝试手、脑并用及倡导科技与艺术的融会贯通，具有非常重要的作用。同时，对于培养少年儿童热爱科学、接触科学、探索科学，提升立异能力，以及运用科学知识，阐扬想象，敢于实践，促进综合素质的提高，也具有十分重要的教育意义。所以，作为美术老师，首先要注意科学发展新动向，通过欣赏各种进步先辈的科学知识图片，才能指导学生认识科学幻想画，通过细心观察生活，激发创作灵感，启发大胆想象、确立创意主题，最终使学生在科学幻想画的创作、主题和形式上有个全新的"变脸"，这是美术教师担负教育重责的要点。

联系生活，启发想象

生活日新月异，时代不停进步，在人类历史上有许多美丽的神话故事已变成现实。从"嫦娥奔月"到宇宙飞船，从器官移植到人类克隆技术，这些奇思妙想，都在一一实现。科学幻想画是指以科学为根蒂根基的想象，科学与想象两个因素缺一不可，没有科学依据的幻想只能称为魔幻、空想，因此科学幻想画所展示的作品，必须是富有时代理念，具有一定前瞻性、科学性和技术内容含量的幻想作品。它是运用科学的知识和科学规律去想象把不可能变为可能，将今日的幻想变成明天的现实。所以当今的科学幻想画是少年儿童在已掌握的知识和经验的根带根基上，通过科学的想象，运用绘画语言创造性地表达出对宇宙万物，将来人类社会生活、社会发展、科学技术的遐想而产生的绘画作品，它是一种真实反映孩子童心的艺术表现原形式。

科学幻想画所表达的科学内容是没有局限的，天文、物理、生物、化学、机械、电子、遗传、生产、社会等方面都是少年儿童构思、创作的主题，这就给教师提出了一个新问题，即教师必须具备一定的科学素养。如果教师缺乏这方面的素养，就不可能辅导出具有前瞻性的科幻画。所以，教师必须清楚地认识到，自身日常一定要加强学习，关注科技带领的新成果，注意观察和搜集身边的新鲜事物、新信息，对科技前沿尽可能多地了解。

同时，通过生活中的身边小事引发学生的科学幻想，指导学生把日常学习生活中遇到的"不顺手""不合理""不利便"的一些事物，通过本身的设计、想象，将它们变成为"顺手""合理""利便"的新事物，并用绘画的手法把它表现出来。例如：《我拿光盘上课去》《神奇的伞》《不怕地震的弹簧房》等作品，就是将丰富的科学想象力同颇具个性的绘画，有机结合的少年儿童科学幻想画作品，这些科幻画作品构想都源自生活，具有一定的实际意义。

思维碰撞，激发灵感

凭空想象、闭门造车是创造不了优秀作品的。在科幻画创作过程当中要经常组织学生进行广泛的交流，使学生在"你听我说、你说我听"的过程当中思维获得互相启发、相互碰撞，在不经意中挖掘科幻画的创作素材，产生好的创意，相互交流能使学生思维变得开阔，也能激发和促进创造性思维的开拓。

在讨论交流中可以相互增补、相互激励，使沉睡的思维被叫醒。同时，通过各种意见的交锋，可以帮助学生摆脱已经形成的习惯性思维，促进学生畅所欲言，激发灵感思维。

诚然，创造性思维便会在一种无拘无束的氛围中获得充实的释放。例如，在指导《音乐刷牙》创作过程当中，启发学生想象，刷牙倘使是一件快乐的事情，会有什么变化呢？教师通过以分小组形式进行交流，学生的思维获得激发，"一石激起千层浪！"你一言，我一语，在交流的过程当中，学生打开了话匣子，有的说，如果泡泡是彩色的那多美丽；有的说，刷牙时牙刷能根据快慢拍发出优美的音乐那就更好了。学生大胆而丰富想象，教师因势利导，撞出了一朵朵美丽的灵感火花，创作出了极具个性的科幻画作品。

标新立异，大胆想象

黑格尔说："最杰出的艺术本领就是想象。"爱因斯坦强调说："想象力比知识更重要……"孩子喜欢想象，因为他们的生活本身就充满想象。

鲁迅先生在《看图认识文字》一文中就曾经热情地嘉赞儿童的想象，他说："孩子是可以敬服的，他常常想到星月以上的境界，想到地面下的情形，想到花卉的用处，想到昆虫的语言；他想飞上天际，他想潜入蚁穴……"可见，想象是培养孩子们在生活中进行奇思妙想的最好"良药"，可以让他们在纯真的心灵里大胆地、无拘无束地表露本身的情感，其实这也是一种智慧聪颖的表现。

没有想象就没有艺术，创造一幅好的科学幻想画作品，首先要有丰富的想象力，要贴近学生实际，与学生的生活经验紧密相连，才能引起学生的共鸣，激发学生开拓艺术创造的愿望。在《将来交通工具》的创作中，教师首先指导学生从日常交通工具入手，让学生说说本身熟悉的、喜欢的交通工具，再说说它们有哪些不足，希望在哪些地方获得改进。

其次让学生说说理想的交通工具应该是怎样的，有哪些功效，可以到达哪些地方，形状会是怎样的……通过在交流中产生各种境界，激发学生将想象触角伸到各个领域，鼓励学生展开想象的翅膀，大胆想象，大胆表现，要标新立异。

通过不停地指导，在学生的习作里，使人惊喜地看到了他们的奇思妙想和丰富的创造力。

依据问题，确定主题

爱因斯坦说过："提出一个问题比解决一个问题更重要，"懂得思考，学会提出质疑、研究问题是立异之源。在教学中，培养学生的立异意识就要让学生敢于提问、存疑，使学生在认知上感到困惑，产生认知冲突，引起定向探究性反射，有了这类反射或质疑，思维也就应运而生。对于孩子们提出来的问题，作为老师要蹲下来，与他们一起讨论与交流，耐心启发他们进行科学的正确思考，逐步归纳出明确的创作导向，确定出创作的主题，让学生懂得主题的确定，应该具有科学性，主题应该立足于生活，表现内容要符合生活实际，因为科技源于生活，主题应该具有一定的科学依据，能够运用到正确的科学原理，不要有盲目信仰、崇拜的内容和唯心的内容，要让他们懂得，你的想法或许是可以通过技术与科学的发展将来可能会实现的。

指导学生选择具有新颖性的题材和主题，是一种属于探索未知领域的学习活动，也是一种青少年科技教育活动。

同样，孩子们的创意不应受时间和空间的限定和生活真实的约束，要充分展开想象的翅膀去探索未知的领域：幻想对下世纪科学技术的描述；幻想对将来人类社会及相互瓜葛的描述；幻想对未知的宇宙万物、人与环境及相互瓜葛的描述；幻想对将来立异产品设想的描述。

让孩子们观察了解身边的校园、家庭，深入思考，有什么不尽如人意的地方，哪儿比较不利便，有什么需要改进的……教给他们观察事物的方法，运用审美观察法和整体观察法，从而发现问题。孩子们在观察过程当中自然能发现很多问题。

比如校园垃圾怎样来处理，人口的增长与能源、交通、住房之间的矛盾，沙尘暴的风险与消除，废旧电池的合理回收，森林的大举砍伐，环境污染处理与再生，能源的合理开发与利用等。通过提问、思考问题、解决问题，一系列教学活动，鼓励孩子们对生活进行观察与思考，在生活中去寻找，激发孩子们对将来世界的想象，开启学生科学幻想的思维大门，让每个学生都展开想象的翅膀，在艺术的天际自由翱翔。

依据题材，选择技法

科幻画的范围比较广，除了有科技方面的知识，更多的有关于美术方面的内容，准确的画面表现是展现立异思想的舞台。

科幻画的表现技法是为表现科幻的主题而服务的，因而应科学性与艺术性并重。科幻画的艺术表现原形式非常多，如油画、国画、水彩画、水粉画、钢笔画、铅笔画、油画棒、水彩笔、版画、粘贴画、电脑绘画、刮蜡画等都可以进行表现，也可以根据画面成效进行混合运用。

教师要研究新材料、新工艺，大胆地对新材料和新工艺进行尝试。对一些展览中或报刊中的新作品，教师还可以开设专题的欣赏课，让孩子们了解新材料和新工艺带给科幻画的新成效。

学生在创作科幻画时要依据题材内容，选择不同的表现原形式和技法，有针对性的进行画面结构安排，技法的合理运用，画面形式与题材内容都要做到尽量美观突出，所捕绘的科学技术应处在最突出、最鲜明的位置，要具有一定的视觉美感。

因此，在详细的辅导中应首先重视表现主题要准确鲜明，加强表现技法的指导，从画面的构图、造型、涂色等进行指导；也可根据学生的春秋特点、创作的题材、绘画材料来选择表现各种技法进行指导。

所以，教师在学生进行科幻画创作时，可明确地告诉学生只要画面的需要，各种综合材料都可以为我所用，什么表现方法都可以应用于创作之中。学生只有敢于运用多种表现手法来表现事物，才能创作出画面成效好且丰富多彩的科幻画作品。

科幻画是超越语言的智力与情感的创作，是开启少年儿童畅想将来，创造新生活的金钥匙。在当今的社会里，作为美术老师，在指导学生进行科幻画创作中，要加强学生立异能力的培养，尝试手脑并用，培养学生的创造性思维，让每个孩子在学习知识的同时，插上科学想象的翅膀，激发其创作的灵感，拓展其丰富的想象力，在倡导科学和艺术的融合上，创作出更多精彩的极富个性的，且具有立异意识的科幻画作品来。

第二章

学生科学幻想故事阅读

1. 丹尼和飞碟

克林是个古怪的老教授。他住在流星山的山顶上，整天把自己关在小屋里不出门。谁也不知道他在屋里干什么。

山下有个叫丹尼的小男孩，年仅 12 岁，聪明、善良。他喜欢上山去玩，每次路过山顶上的小屋时，总看见门窗紧闭，从来没有发现教授出过门，他感到十分奇怪。为了弄清小屋的秘密，他决心做一番侦察。

一天晚上，他偷偷溜出家门，来到山顶小屋的窗外。只见屋里摆满了各种各样的仪器，墙上挂满了星图。忽然，屋门开了，克林教授走出来，向小屋旁边的一个水泥墩走去。水泥墩上有几根铁管子，就像高射炮一样，指向天空。

正在这时，一道闪电划破天空，接着下起雨来。教授头顶上方，一个不断变大的绿色圆盘漂浮在风雨中。

"飞碟！那一定是飞碟！"丹尼高兴得差点喊出声来。

"刷刷刷……"只听一阵响声从水泥墩上发出，紧接着是一阵震耳欲聋的爆炸声，飞碟"啪"的一声从空中降落下来。

一切都明白了，教授用自制的激光炮把飞碟射下来了。教授急忙跑到受伤的飞碟旁，用一根铁棍把飞碟的门打开走了进去。过了一会儿，教授双手抱着一个圆鼓鼓的东西从飞碟里走出来，回到了小屋里。

丹尼四处看了看，没有任何动静。他壮了壮胆子，钻进了飞碟。顺着人口处的斜坡，丹尼来到了一个圆形的小舱。舱里到处都是仪器，上面布满了红红绿绿的指示灯。突然，从天花板上掉下一个东西，又圆又硬，正好掉在丹尼肩上，把他吓了一大跳。他仔细一看，只见地板上有两个菠萝一样的小东西在蠕动。它们浑身发紫，四周长满了绒毛一样的触手，头上有一对绿色的眼睛。这两个小东西害怕地望着丹尼，似乎在请求丹尼别伤害它们。

"别害怕，"丹尼安慰地说，"我不会伤害你们的。你们是谁？怎么来到这里的？"

沉默了片刻，那小东西忽然说话了："看来你是个好人，你能帮助我们吗？"

"你们懂英语？"

"我们不懂，是翻译器在帮忙。"

"你们从哪儿来？"丹尼问道。

"从朱比特星球上来。"

"怎么降落到这里了呢？"丹尼又问。

"唉，别提了，都是我们的过错……"朱比特人伤心地向丹尼讲述了他们的来历。

原来他们是两个朱比特小孩，趁爸爸不在，偷偷溜进了爸爸的飞船，想到高空玩玩，没料到发动机出了毛病，飞船被气浪推到了地球附近，不巧又被教授的激光炮打中了。他们一共有三人，还有一个不知到哪里去了。

朱比特人恳求丹尼说："请你帮我们找到弟弟好吗？"

"试试看吧。"丹尼暗下决心，一定要帮他们找到亲人。

他忽然想起，教授刚才从这里抱走了一个东西。那会不会是他们的弟弟呢？想到这里，他飞快地向教授的小屋跑去，趴在窗户上向里面偷看。只见教授正在追逐那个小朱比特人。丹尼带着两个朱比特人悄悄溜了进去，准备设法搭救那个朱比特人。

教授一见丹尼，连忙说："小家伙，快帮我逮住那个小怪物，我会给你钱的。"

"钱再多我也不干！"丹尼一边说，一边拉起小朱比特人就跑。可教授一把抓住了丹尼的胳膊。另一个小朱比特人急忙跳到教授的肩上，用触手去挠他的鼻子。教授痒得难受，连忙放开丹尼去抓肩膀上的朱比特人。结果，教授顾了东，顾不了西，一个也没抓住。丹尼带着三个朱比特人跑进了树林。

教授拿着一支手枪追了过来，对丹尼说："我本来不想杀死他们，都是你逼我干的。要是我不把他们制成标本，他们还会逃走的。快把他们交出来，不然我就开枪了！"

丹尼吓得不知如何是好，但他还是不肯把朱比特人交给教授。在这危急关头，一个巨大的身影向教授走来，用鞭子打掉了教授手中的手枪，接着又是一鞭子，把教授打倒在地。

丹尼还没明白是怎么回事，只见三个小朱比特人欢快地向那人奔去。丹尼明白了，这一定是他们的亲人来救他们了。那巨大的身影对丹尼说："太谢谢你了。我那不听话的孩子告诉我，要是没有你的帮助，他们早就变成标本了。"朱比特人准备返航了。小朱比特人深情地向丹尼告别，并答应说，等他们取得飞船驾驶执照后，一定到地球来看他。

丹尼依依不舍地目送着飞碟消失在无垠的天空。

2.宇宙漂流记

我和爸爸刚躺到床上，忽然响起了报警的铃声，爸爸连忙从睡袋中爬了出来。

在这座"人造航标站OP17号"上，只有爸爸和我两人。"人造航标站OP17号"是出入太阳系的航线——冥王星航线——唯一的一座载人航标站。

我叫良雄·KON，今年13岁，是在冥王星基地出生的。由于爸爸工作调动，我便跟着一起来到了这座宇宙航标站上。至于学校嘛，有的。我从冥王星带来了一台"教育机"，它虽然只有一本书那么大，可里面却装着从小学到大学的全部课程。这台机器就像一位严厉的教师。我已在这航标站上生活了3年，并不感到寂寞。这里可以收到冥王星基地的电视节目，每年还有4次机会到冥王星上去玩玩。

冥王星是进入太阳系后的第一站，在到达冥王星之前，先要在我们航标站附近更换动力或接受检疫，这种时候，我常和爸爸一起去听那些远航归来的宁航员讲有趣的故事。所以如果是通知有恒星际宇宙飞船靠近的美妙动听的钟声，那我打心眼儿里高兴。不过报警的铃声却很叫人讨厌。

有一次一颗有半个月亮大的流星以很快的速度朝航标站飞来。那流星是个巨大的磁石，航标站差点被它吸过去，站上的机器也都因磁场的作用而失灵了。所以，我一听到那刺耳的警铃声，就不禁毛骨悚然。

我赶快来到控制室，看到爸爸正和冥王星航线指挥总部的威巴先生通话："*12 小时前，一艘近距离宇宙飞船失踪了，可大约在 20 分钟以前，我们又突然发现了它，它正以每秒 200 千米的速度向航标站飞去，请你们迅速采取紧急措施。飞船船名：'宇宙呼声号'，220 吨，识别番号 ZA306，火星教育部所属太阳系游览火箭载有 6 名 13 至 15 岁的儿童……*"

爸爸表情严肃地关掉对讲机，命令我立刻将雷达调到最大功率，然后便开始换宇宙服。

与此同时，扩大器中传出"嘟——嘟——"的信号声，电光板上打出一行字：

Z……A……3……0……6……

"爸爸，来了！'宇宙呼声号'！它就在附近，最多不超过 30 万千米。"

我急得满头大汗，一个劲儿地用无线电通信机呼叫"宇宙呼声号"，而它却毫无反应。这时爸爸已顺着紧急出动滑降道滑到了航标站底部进入了停在那儿的救助飞艇。

我连忙走到透明球体的前面，那上面布满刻度，透明球体显示宇宙空间。我打开第一个开关，球的上部出现一个绿色的光点，那就是我们雷达追踪的宇宙飞船，我再打开第二个开关，球体上出现一个小红点，那就是救助飞艇的发射方向。当红点和绿点接近时，我按下了"允许发射"的按钮。

刹那间，爸爸的救助飞艇腾空飞起。

"良雄——"爸爸痛苦地呼唤着我的名字，一定是由于加速度过快，导致爸爸体重急剧增加6倍，连张嘴说话都很困难了。"呼声号从雷达上消失了，迅速确认方向！"

我抬起头，重新注视荧光屏，光点果然不见了。竟有这样的怪事？

"救命啊！"这声音不是从耳朵传来的，而是直接响在脑海里的。

我抓起对讲机，正要向爸爸报告，几乎就在同时，冲撞报警器发出震耳欲聋的声响。荧光屏上出现的那只巨大的宇宙飞船正以每小时30千米的速度缓缓地移动着，离航标站仅五六百米。

"救命啊！"呼救声再次响起，"我叫卡尔，我们这里有6个人和一只动物，我们的无线电通信设备失灵了，我正用精神感应法同你讲话，趁宇宙飞船还没跳跃，快救救我们！"

我飞快地跑到隔壁房间，将所有宇宙服统统扔进紧急出动滑降道，然后自己也滑了下去，坐进一只双人宇宙飞艇"银星号"。

我死死地盯着机库的气压表，终于闪光指示灯变成表示真空的鲜红色，旁边的紫色信号灯也一明一暗地闪动起来，这表示可以出发了。

我小心翼翼地把写着"1"的操纵杆推向前方，"银星号"出现一阵微动，机库大门打开了。

我推下2号操纵杆，钳着"银星号"的巨大铁臂——发射台缓缓地将"银星号"推出机库。

　　我提起 3 号操纵杆，将那擎着飞艇的铁臂高高举起，此时，"宇宙呼声号"与"银星号"正处于相对而视的位置，距离仅三四千米。

　　我吃惊地发现"宇宙呼声号"全身闪着银光，且银光里又带有粉红色。我断定"宇宙呼声号"一定是出了什么问题。

　　我急忙将飞艇发射操纵杆向前推进，巨大的铁臂放开了"银星号"，轻巧的小艇滑向宇宙。

　　我一边操纵飞艇一边用对讲机同卡尔联系：

　　"请将飞船的行李筒伸过来，行吗？"

　　我已经来到"宇宙呼声号"跟前，在船体侧面找到了一个用红色发光涂料画出的圆圈。我看着圆圈中的符号，心想，这大概就是行李筒吧。想到此，我放出两只磁铁制成的锚，将"宇宙呼声号"和"银星号"连到了一起。

　　我慢慢开动着倒车引擎，这时"宇宙呼声号"船体上红圆圈部分开始伸出，直径约 4 米的一只圆筒正对着"银星号"缓慢地伸过来。当它伸出有 10 米左右时，两端的门打开了。

　　我将引擎由倒车改为前进，缓缓地向那敞开的门接近。就在飞艇即将钻进行李筒时，我发现一个奇迹，不禁大叫起来：

　　"卡尔，'宇宙呼声号'全身都射着粉红色光芒，太漂亮啦！"

　　"哎呀，不好，赶快离开！"卡尔发出惊叫。

　　但是，晚了。飞艇已滑入行李筒里去了。

　　这时，"银星号"忽上忽下地颠簸起来，船身一下撞到了墙壁上，但墙壁却像用橡胶制成的一样柔软，又将"银星号"弹回到对面。

　　在极为强烈的震动下，我全身如散了架一般，头痛得快要炸裂开似的。我失去了知觉。

当我醒来时，发现自己已躺在床上，*12* 只不同颜色的眼睛充满不安地注视着我。

他们告诉我，现在"宇宙呼声号"已经远离太阳系，这只宇宙飞船一跃飞出了 *1 亿千米*，多奇怪的现象！

最后，我们互相做了介绍：灰眼睛男孩叫吉尔，*15 岁*；东方人长相的男孩叫查恩，*14 岁*；黑人小孩布卡，*12 岁*；那个呼救的卡尔是个金色眼睛的男孩，*13 岁*。还有两个女孩：一个叫路易莎，金发蓝眼，*14 岁*；一个叫梅伊，褐色眼睛，*12 岁*。我们成了很好的伙伴。

假如有人突然遭到不幸，或突然遇到危险，这时，什么最重要呢？这是爸爸常叫我思考的问题。

遇到这种情况，千万不能慌张，最重要的是临危不惧，沉着、冷静地思考，尽快查找出危险的原因，然后妥善处置。尽可能不要单独行动，要尽量争取外援，要尽最大可能争取生存，要和在一起的人同心协力、避免冲突。

想到这儿，我向吉尔询问飞船上的粮食贮存情况。

吉尔低头想了想说："我查过了，这只飞船原来是太阳系中的近距离游览飞船，所以没带很多的食物。"

其他的孩子也对这只船表示不理解。比如世界上速度最快的光每秒也只跑 *30 万千米*，而这只飞船一跳竟是光的 *300 倍*，这简直就是用物理知识解释不了的怪现象！

"你们能不能从头给我讲讲'宇宙呼声号'是怎么起飞的？飞船上为什么一个大人也没有？"

吉尔点点头，大家也都围拢过来，只有卡尔开始显得局促不安。

吉尔开始用平静的语调讲起他的经历："我们都住在火星的埃利休姆市，从小就在一起。只有卡尔是4年前从地球上来的，但我们很快就成了好朋友。后来，我们听说埃利休姆市博物馆来了一只新的太阳系游览宇宙飞船，于是就赶去看看。值班员跟我们很熟，就把我们放进去了。"

"当时，'宇宙呼声号'停在'仓房'角落里待检修，我们兴冲冲地凑到这间'活动教室'跟前。这学期末，班上的同学们将要一同乘这只飞船去木星卫星基地，我们很想先看看这只飞船是什么样子，然后报告给大家，让他们高兴高兴。"

"我们走到宇宙飞船近前，梅伊发现升降口的门开着，有一只梯子在那里，就偷偷地钻了进去，经过客舱，一直走到驾驶舱。"

"查恩坐到了正驾驶席上，把手伸向开关。"

"'别动！查恩！'路易莎喊叫起来。"

"就在这时，下面传来'砰'的关门的声音，大家都吓坏了。但查恩确实没有碰开关，而且动力也是切断着的。"

"突然间，飞船摇晃起来，所有的墙壁都放射出粉红色的光。大家一下子被摔倒在地上，紧接着便感到一阵恶心。"

"这一切很快就过去了，大家从地上爬起来。卡尔从驾驶舱的小窗口向外望去，禁不住惊叫起来：'不好啦！飞船正在向宇宙飞行！'"

"事情的经过就是这样，"吉尔说，"直到和你取得上联系，我们在太阳系一直被一种奇怪的力量抛来抛去。"

"但是宇宙飞船为什么会跳呢？"

"不知道，假如我们找到使飞船跳跃的原因，我们就可以使它改变方向，向太阳系方向跳跃。"吉尔低声说。

正说着，跳跃又开始了。这次跳跃时间很长，而且很剧烈。跳跃终于停止了。路易莎却尖叫起来："快来看呀！'宇宙呼声号'正朝着一个从没见过的星球接近呢！"

大家急忙冲到窗前向外望去，外面是耀眼的红光和白光组成的旋流。

大家都屏住呼吸，注视着这颗奇异的星球。在这颗扁平的、巨大的、正在燃烧着的星球旁边，有一颗放射出刺眼的白光的小星球。它正对着大星球的那一面有些突起，呈圆锥形，很像梨的上半部。

那颗放射着红光的大星球，从中间喷出两道暗红色的气流，朝着那颗小星球，一左一右地将它夹住，并越过它，在黑暗的宇宙中卷起血一般的旋涡。旋涡的尾部像一条怪状的巨大的尾巴，直朝我们的"宇宙呼声号"伸过来。

是三重连星！

吉尔解释道："在地球上看到白太阳只有一颗，可在宇宙中往往是两颗或三颗太阳连在一起的。一颗亮的太阳和一颗暗的太阳共同围绕一个重心旋转。当暗的太阳运行到亮的太阳前面，遮住亮的太阳时，如果用望远镜观察，就会觉得那颗亮的太阳的光一下子减弱了，这叫'食变光星'。在宇宙中，有不少二重太阳、三重太阳，这样的连星。"

这时，卡尔脸色苍白地问道："吉尔，这艘飞船朝三重太阳移动的速度大约是多少？"

"估计不会太快。"

听到他的解释，我不禁大声喊道："那可就不得了呀！这只宇宙飞船在三重太阳的动力圈里以多大的'运动量'（重量×速度）运动着，这是我们不知道的，但如果相对于那颗星星几乎是不动的话，那么我们的飞船就会朝着那颗太阳落下去。"

"你说得对。"吉尔敏锐地朝窗外望去。只见一红一白的两颗星星几乎一动不动。

"现在我们必须开动这只船，我大体了解远程宇宙飞船的动力系统和操纵原理，而且从空中发动引擎，危险会很少的。"我说。

"大家都到驾驶舱去看看！"吉尔喊了一声。

我在驾驶席上坐稳，打开了主电源的开关。这时卡尔找到了操纵指令软件。

"咔嚓"，响起了按键的声音，磁带里传出一道道指令，要求检查各项设备、仪表。我急忙按照指令按动许多按钮，绿色指示灯亮了，它表明一切正常。

这时，计算结果出来了。我们距红、白两星3亿5千万千米，这相当于地球到太阳距离的2到3倍。辐射量虽然还不清楚，但它们的体积相当于太阳的200倍，我们的飞船正以相当快的速度向那里坠落下来，必须马上脱离！

"等等！"一直在观察雷达屏幕的布卡喊起来："右弦40°方向发现一颗行星，很近！"

"卡尔，把握住方向！"查恩厉声命令道："千万别撞上那颗行星！"

这时我发现卡尔被查恩这么一说，脸白得像张纸。他把身子伏在罗盘上，避开了我的视线。

布卡迅速用望远电视捕捉到那颗行星，开始调节光谱分析仪。

"这颗行星距离我们约 70 万千米，直径约 9500 千米，比地球略小，反射能力很强，外围有一层很厚的大气层，其中有水蒸气、40%的氧气、40%的氮气，两极有小极冠，好像温度不高。啊！光谱仪上出现了植物带吸收线！"

吉尔仔细地考虑了一下，"我们的粮食不够，而且水的再生净化装置也出了毛病，需要补充用水。卡尔，修正航向，接近那颗行星。"

我一直望着卡尔，这时，大汗淋漓的卡尔脸上竟流露出一丝坦然的表情。

我用力按下化学燃料火箭的点火按钮，自控飞行器运转正常。

这枚火箭上装有起飞、着陆和紧急启动用的化学火箭，也装有远程离子推进火箭。

离子火箭是将金属钾和铯溶化，喷射到白炽的钨上，产生阳离子磁场，它加速喷出时，虽推力不大，但用少量燃料就可维持较少时间的运行。

化学火箭主要是用液态氧、轻油或者固体氟化物做燃料。要想在短时间内达到很快的速度，还是化学火箭的效果更好。

加速度 4 G，大家的体重增加了 3 倍，速度也在不断加快，达到了时速 72000 千米。我按动火箭转换钮，加速表指针一下子回到 1 G。

几个小时后，"宇宙呼声号"进入了一颗不知名的行星的卫星轨道。我发现，这颗行星和地球极其相似，重力、大气、地形都很相似，有陆地也有海洋。

"是不是干脆进入着陆状态？"我一边准备启动制动火箭一边说。

这时，我又注意到卡尔神情有些异样。他用出神的目光盯着望远电视，眼睛里放着奇异的金光。

这是一颗奇特的星、暗淡的星。它的表面既没有花朵，也没有沙漠，整个星球表面全都被一种厚叶子的植物覆盖着。

在卫星轨道上，我将驾驶舱从飞船船体上分离了出去，利用驾驶舱自身携带的逆向火箭进行着陆。在此期间，飞船船体将继续在轨道上飞行。返回船体时，用驾驶舱上的火箭起飞，然后追上在宇宙空间飞行的船体，与它对接。

我们一面减速，一面寻找着陆点。

"看啊！有一片湖！"梅伊大声喊叫起来。

那是一片圆得像用圆规画出来的人工湖！湖边有一片宽约 200 米的黑黝黝的土地，高度只有 700 米了，我大喊一声："就在湖边降落！"

"良雄！着陆架还没放出来呢！"卡尔说："要不要我来换换你？我长时间生活在地球上，对重力已经很习惯了。我还驾驶过小型气垫船。"

我把操纵系统转换到卡尔坐的副驾驶席上。

卡尔手握操纵杆，紧咬嘴唇，眼睛一眨不眨，全神贯注地盯着电视屏幕。

屏幕上，那条黑带子正在迫近，它比我们想象得更凸凹不平。

巨大的震动摇撼着我们的座舱。"喀嚓、喀嚓！"座舱好像掉到了什么硬东西上似的，发出"吱吱呀呀"的声响，好像马上就会粉碎。

卡尔死死抱住操纵杆。在接触地面的一瞬间，我果断地收回三角翼的手柄推了下去。

电视屏幕上出现了交错在一起的网状藤蔓，接着又变成了一片又浑又深的水面。座舱东扭西歪地跳跃着前进，最后，转 3 个圆圈。

"制动伞失灵！着陆架的制动已经到了极限！"卡尔大声喊道。

大家失声叫起来！就在这时，座舱随着一阵猛烈的冲撞，猛然停了下来，我们得救了！

接着，吉尔指定我、查恩、路易莎和他 4 个人可以穿宇宙服出去，其他的孩子留在舱里。

随着放气的声响，空气门打开了。我们 4 个人从舷梯上爬下来，伫立在飞船座舱的旁边。

眼前的景象太奇异了！那植物是我们从未见到过的。草的根茎又粗又硬，简直像胶皮管一样。这些植物没有叶子，粗大的"胶皮管"有我肩膀那么高，一根紧挨一根，互相缠绕在一起，好像一张很大的渔网。

在薄云缭绕的天空中挂着一颗葫芦状的太阳，那是两个大小不同的太阳挤到一起形成的。虽说此刻是晌午时分，可周围却是昏暗的，使人觉得阴森。

这时，我看见在与双重太阳相反方向的天空中，出现了一个几乎是正三角形的月亮。一会儿，又有一轮弯月以极快的速度超过它，消失在天空的那一端。我看它出了神，突然再看那正三角形的月亮，不知什么时候它已变成了一个细长的三角形了。

吉尔用吃惊的口气对我说："以那颗月亮的圆缺变化来看，它很可能是个四面体，而且能自转。"

多奇怪的现象！

正在这时，忽然传来梅伊的尖叫声："啊！卡尔！你怎么啦?！你要到哪里去?！"

我们不由得大吃一惊，急忙朝座舱望去。

只见座舱门敞开着，脸色苍白的卡尔，像夜游症病人一样摇摇晃晃走出了座舱。他没穿宇宙服，他那双金色的眼睛里闪着恍惚的神色，飘飘晃晃地像一个醉鬼。

"卡尔！你怎么啦?！不准违反命令!!"吉尔用话筒高声喊道。

卡尔好像根本没听到吉尔的声音，他摇摇晃晃地朝我们走来。他用那双失神的眼睛扫视着我们，好像要对我们诉说什么。

"你们，你们……"卡尔突然倒在吉尔肩上。

这时，耳机里传来布卡的叫喊声："空气里没有什么细菌！你们可以脱掉宇宙服啦！"

夜幕降临到这个神秘的星球上。那只奇怪的正三角形月亮从傍晚时分就落了下去，到现在还没有露面，而那一钩弯月却已经是 3 次匆匆而过了。

这时，座舱门打开了，路易莎从座舱里走了出来。

"卡尔怎么样了?"吉尔问。

"他睡着了，给他吃了镇静药。不过他烧得很厉害，一个劲地说胡话。"

布卡好像想说什么，两只手插在裤子口袋里，用脚踢着石头。终于他好像下定决心似地说："我总觉得卡尔好像同这颗星球有些关系，你们怎么觉得呢？"

布卡继续说："我在进行大气分析时，忽然看到卡尔抱着头自言自语地说着什么，好像在和什么人吵架。我只记住了其中两句地球上的语言。一句是：'为什么？为什么把其他人也……'另一句是：'不行！现在绝对不行！'"

大家都屏住呼吸，静静地听着。在布卡拿出分析结果之前，卡尔就连宇宙服也不穿地走出了座舱，他是否已经知道大气中不含特殊有害物质或细菌了呢？

"这颗星与卡尔能有什么关系呢？卡尔是我们的朋友，是地球上的人。"吉尔严肃地说。

"你对卡尔很了解吗？"查恩说："我听我在地球上的一个叔叔说，卡尔是养子。那是在我们刚出生不久，新加坡的一个村庄遭到一块大陨石的袭击，全村覆灭，只有一个婴儿幸存下来，他就是卡尔。"

"卡尔的奇怪之处还不仅仅是这些。"路易莎插话说："我觉得宇宙飞船的跳跃好像跟卡尔有什么关系。我计算过，每次出现跳跃现象之前，卡尔的眼睛准要有些变化，而从卡尔眼睛开始变化到飞船跳跃，中间相隔整整 5 分钟。"

"啊——?！"梅伊大叫起来，一个手指哆哆嗦嗦地指着座舱，"有个黑东西在动，在座舱侧面。"

吉尔一下子窜了起来，路易莎也跟着向座舱跑去。

"有人跑到草丛那边去了！"吉尔说。

"卡尔不见了！"路易莎慌慌张张地喊道。

我和吉尔、查恩抄起座舱中仅有的两支光子枪，顺着地上的鞋印，一直追到一片植物形成的绿色屏障前。

绿色屏障枝条紧紧地缠绕在一起，没有空隙，仿佛连蚂蚁也爬不进去，卡尔到哪儿去了呢？

"卡尔，卡——尔——！你在哪儿?！"我大声喊叫着。

突然，我的脑海中又回响起卡尔微弱的呼唤声。这时眼前的那些枝条慢慢地活动起来。原先紧紧缠绕在一起的枝条迅速地分开了，转眼间，我们面前出现了一条由枝条构成的通道。

我们勇敢地走进了枝条构成的隧道中去。

隧道地面很硬，长度约 10 米。当我们走到四五米的地方时，前面又打开了一段，而后面的枝条却合拢上了。我们被关在里面了！

我们脚下的路突然变得软软的，开始往下陷。原来，我们站着的地面是由许多圆圆的、柔软的、像橡胶棒似的东西紧紧地排在一起构成的。与此同时，"橡胶棒"里还渗出滑溜溜的液体，将我们连推带滑地向前运送着。

隧道不断地向前延伸，弯度也开始加大。我们好像坐在雪橇上似地左右摇晃着，头越来越晕，神志也开始不清了。

就在这时，我突然觉得被抛到了一块硬东西上，后背被狠狠地摔了一下，差点停止了呼吸。可是，这一下却把头晕驱赶跑了。

我们双手按着滑溜溜的地面，好不容易才站了起来。不知什么时候，我们已经走出了那条植物隧道，来到了小土丘旁的一块平地上。

卡尔身上的衣服全都被撕破了，脸色白得像死人一样，眼里却放出奇异的光彩。他也摇摇晃晃地站在小土丘的山脚下。

"我根本没想把你们带到这颗星球，"卡尔用令人毛骨悚然的声音说道："这都是由于那种宇宙的呼叫声！我很小的时候，就经常听到脑海里有一种声音。那声音在宇宙深处，在很远很远的地方呼唤我：'你在哪？你回来呀！卡——尔——！'在火星基地的时候，我又听到那种声音：'时机到了！起飞！'我当时并没有那种想法，可是不知怎么的，我自己不由自主地在心里喊了一句：'起飞！'于是……"

卡尔说完这些，就瘫倒在地。突然，他又爬了起来，摇摇晃晃地向山顶跑去，我们也紧追不放。

当我们拨开荒草追到山顶时，发现小山丘的顶部像被刀切了一样平，一棵草也没有。整个顶部是一块巨大的岩石，像被磨亮的金属一样光滑。有3颗圆柱形的岩石矗立在那里，在它的顶端有闪闪发光的黑色圆球。

那石柱有5米多高，圆球直径有3米左右。

卡尔就倒在石柱下。

突然，我的脑海里又响起了卡尔那种神经感应现象，不过，这声音比卡尔的语调更奇特。

"我是费特，你们是谁？"

"我们是卡尔的朋友！你是谁？"吉尔问道。

"卡尔？是不是这个费特5号？他是我的孩子。我和你们一样是生物，你们刚才经过的是我的身体，现在你们看到的是我的心脏和头部。我有很多的头，可以生孩子。我的心脏寻找撒种的星球，然后将种子撒出去。我已经撒过5颗种子了，费特5号偏离了轨道，不知飞到哪里去了。我现在终于把它呼唤了回来。"

一定是那颗种子附在了卡尔身上，卡尔的谜终于解开了！

费特的种子是无形的，它潜藏在卡尔的意识当中，它也只有附着在别的物体上才能够移动。

虽然卡尔的谜是解开了，可是我们怎样才能返回太阳系呢？

当我们漂流在宇宙之中的时候，太阳系已经度过了3个月的时光。这一天，"宇宙呼声号"又突然出现在冥王星与海王星的轨道之间！当时，整个太阳系的居民都为之震惊！

说来也巧，第一个发现我们飞船的竟是我爸爸！

"宇宙呼声号"平安归来的消息传遍了整个太阳系，成了整个太阳系的一大奇闻。

我们，吉尔、查恩、调皮的梅伊、金发的路易莎、黑人布卡，还有我，都被欣喜若狂的父母紧紧地、紧紧地搂在了怀里。

卡尔呢？卡尔也和我们一起回来了。他要是不和我们一起回来，我们是无法回来的！因为能使"宇宙呼声号"一跳跳出几百光年，并且连续跳跃几个星期的，正是寄生在卡尔身体中的那种奇怪生物的无形的种子，它叫费特5号。

学者们想把费特5号留下来研究，但我们不能出卖朋友。于是，我们按照卡尔回来的一种奇特的办法，让费特5号重新寄生在一只小兔子身上。然后，把它放入一只密闭的容器中。

载着小兔子的容器腾空而起，朝无边无际的宇宙深处飞去。费特5号借助小兔子的身体，重新回到了它的父母身边。

卡尔经过住院治疗，不久就恢复了正常。他眼睛里原有的金光消失了，神经感应的能力也随之消失了。但是，他却得到了我们这些非同寻常的好朋友！

我们 7 个人，虽然**散居**于宇宙空间的不同地方，但我们的友谊是**割不断的**。我们常在**火星、土星的卫星上**或者冥王星上见面，大家**凑到一起**，就会兴致**勃勃**地谈起那次奇迹般的冒险旅行。谈够一阵子，我们就跑到天文台去，**用电波望远镜捕捉那遥远的宇宙深处**传来的奇特的电波。

每当我们听到那"哗——哗——"的奇特的声音时，就会感到那是从遥远的天际**传来**的"宇宙呼声"！这呼声告诉我们，在这茫茫无际的宇宙之中，有**许许多多**的像费特星球那样的星球，人类还不了**解**它们的奥秘，那呼**声招呼**我们去探访无尽的宇宙世界。

3. 星孩

公园里静悄悄的，**静得让人觉得凄凉**。可一小时以前，这里却是一片欢声笑语，孩子们**在游戏**，大人们在漫步——现在呢，就剩下一个小男孩，孤零零**地坐在**一条长凳上。

天越来越晚了，**眼看就是黄昏**，公园就要关门了。

一位名叫兰肯的**警察**走到孩子身边。

"年轻人，该回家了。"他说道。

这孩子抬头看了**看**他，说："我这就回家。"

"等着你父母来领**你**回家，是不是？那他们可得快点来哟——公园马上就关门了。"

47

"什么？"孩子问道。他看上去像寻思着什么事。"你们的公园也跟我们的一样在黄昏时分关门吗？"

警察苦笑着回答道："说不定全世界的公园都是这样——怎么，你不是本地人？"

孩子摇了摇头，什么也没说。

"那你是哪儿的人呢？"兰肯问道。

孩子犹豫了一下，接着说道："我——呵——我是宇宙人。"他说到"宇宙"这两个字时沉思了一会儿，然后点点头说："对，可能这个词这么用是合适的。"

兰肯先生纳闷地看着他，"你在说什么啊？我的孩子！"这个孩子使他感到有些莫名其妙，也感到不安，甚至他穿的衣服也叫人感到别扭，因为现在这里并不时兴这种打扮。

"我知道你会奇怪的。"孩子答道。

兰肯先生皱了皱眉，心想：年轻人现在总是搞些新鲜玩意儿。

"你的父母到底上哪去了？孩子。"他问道。孩子两眼向上望着，用手指着天空，心平气和地说："他们在那儿。"

"唉，可怜的小傻瓜！"兰肯暗自想着，难道在这个世界上就他一个人吗？然后他又皱了皱眉，心想：肯定有人正在寻找他，那个人说不定就是他的保护人。不等兰肯再问他什么，孩子便接着说道："一会儿我就去找我的父母。"

兰肯仔细地盯着这个孩子，不由得露出惊讶而怜悯的神色。他想不到一个年纪这么小的孩子能够说出这种话！

"好啦，孩子，别说这种话了——这跟你的年龄可不相称。那么，你已经——"他实在不忍问下去。而这孩子则茫然地看着他。

"我不明白，"孩子说道，"你说的是什么？"

"你的父母，孩子，"兰肯说，"我很遗憾，他们已经去世了，可是——"

"去世了？先生，你为什么这么想呢？我可没说他们死了。"

"你说了！"兰肯不客气地说。他没再往下说，因为他有些生自己的气，后悔不该跟孩子发火。"我说，孩子，"他心平气和地继续说道，"你刚才说你的父母在那儿，"——他用手指了指越来越黑的天空——"而且你马上就要跟他们在一起。"

"是的，长官。我应该叫你长官，对吗？先生。"

兰肯先生点了点头，一时不知该说什么好。

"我在等我的爸爸、妈妈。"孩子继续说。"他们是在那儿，他们过一会儿——"说着看了看手腕上像是手表似的什么东西。兰肯越发奇怪了，他想，他手上戴的显然是看时间的东西。"我想照你们的说法，大约再过30分钟吧。"孩子最后说道。

兰肯皱着眉头瞅着这孩子。心想：他怎么总是说他的父母过一会儿从天上下来接他，这到底是怎么回事呢？你的父母难道坐着飞机到公园里来吗？……难道这就是他们要一直等到黄昏之后才来接孩子的原因吗？要真是这样，我可要照法律办事了。

"孩子，你的意思是说，"兰肯这回尽量显出严厉的口气，"你爸爸妈妈一会儿要在公园里降落飞机，是吗？我可要警告你，要真是那样的话，我将不得不把他们抓起来，因为他们非法飞行、非法着陆，还有非法在公园关门之后在这儿逗留！"

孩子叹了口气。兰肯心想：别着急，说不定这孩子故意跟他逗趣！孩子说道："长官，我爸爸妈妈他们不会在这儿呆很久的。他们根本不在这儿着陆。他们就悬在那儿——大概也就到树尖上头那么高——然后我就被他们吸上去，你就可以关上公园大门回家去了。"

啊，天哪！兰肯心里很生气。这孩子说的都是些什么啊？什么"不着陆"，什么"只是悬在半空"，还有什么"他被吸上去"？把他给吸到哪儿去？他想弄清楚这孩子是不是一个小无赖——一个从哪儿的少年精神病院里逃出来的精神病，或者是一个专门四处供人取笑以换取一根冰棍解馋的小胡闹。

"事情就是这样，长官。"孩子蛮有把握地说。兰肯觉得在这孩子的话音里有一股戏耍的味道。"我爸爸妈妈一定会在公园关门之前到这儿来的。"

"他们可以来，"兰肯十分严肃地说，"但不能是飞进来，也不可能悬在半空，更不会把你给吸走，不管是怎么个吸法。他们要像普通人一样——两只脚走进来，要是他们不想被抓的话，他们得老老实实地来，要么就别想进来！"

"他们会来的。"孩子说道。

"那好，要是他们不来，你可得跟我走，知道吗？我们不能让你一个人坐在这儿过夜，这是不合法的。说实话，我看你还是跟我走的好。"

"可是，要是我不在这儿，他们会担心的，他们会着急的。所以我必须等着他们，你说是吗？"孩子的声音里充满着焦急和渴望，几乎带着恳求。"爸爸妈妈让我等着他们，别到处走。"

兰肯开始感到自己要发火了。"这么说吧——你到底是从哪儿来的?"

孩子没有回答。

兰肯这时心里有一种令人不快的想法:难道这孩子是被抛弃的吗?在这个地方发生这种事可不是头一次了——父母把孩子留在这个公共场所,让孩子在这儿等着,而他们自己则趁机悄悄溜掉了。

"他们会来的。"孩子再一次说道。听得出来,他的声音不是固执,而是坚信不疑。

"你跟我一起等着吗?"孩子问道,"啊,那可好了,我要让你看看我们的船。"

"船!"兰肯惊奇地喊道。"可是离这里最近的港口也有一英里远呢!你的父母他们怎么办呢——难道在公园的池塘里抛锚吗?"

孩子笑了,似乎明白兰肯困惑不解的原因。兰肯见了不由心想:这孩子头一次表现同普通孩子一样的性情。他不禁端详着孩子的小脸,感到他笑起来像一朵花。不管他是谁,也不管他从哪儿来,反正这孩子没有病。他开始感到安心了,可忽然又有些生气。说不定他真是一个聪明的喜欢恶作剧的小家伙。听孩子说了下面的话以后更觉得他这种估计没错。

"我是说'星船',"他说,"这是一只会飞的船。它已经绕着你们的行星做了好几次侦察飞行了。"

"我们的行星?"兰肯惊讶地喘着大气,"这么说你是从另一颗行星上来的喽?"说着,他的困扰突然一股脑儿地消失了。当然喽,没错!他感到真应该责怪自己怎么会一直没往这方面想。科学幻想嘛!

近来孩子们都喜欢这东西，故事情节越离奇，孩子们就越喜欢。而这个孩子的脑子里充满了这些玩意儿。可是，在这么个地方、这个时间孤零零一个人来体会一种特殊的幻想意境，未免有些太荒唐。

"好了，我说孩子，"他和善而坚定地说，"科学幻想这套玩意儿我全知道。我明白，看科学幻想小说很有趣——什么宇宙探险和星际旅行，还有从其他行星来的生命什么的，但是笑话毕竟是笑话，再说，这么晚了，还在这儿开这种玩笑也不合适……"

"什么小说？"孩子打断他的话，听得出来，他有些不高兴。"在我们那个行星上可不光是读读这些小说就完了，我们还干了不少事呢！"

"啊，我们这儿也是这样！"兰肯不客气地说，他连想也没想。"我们已经在我们的月亮上着陆好几次了，甚至还考虑在那里建立基地，而且——"他突然又停住不讲了，他为自己刚才的反应而感到吃惊。那不是等于事实上相信这孩子的话了吗？不是正好上了孩子的当了吗？他禁不住有点生气，是为他自己这颗行星有这样的成就而生气呢，还是为这些成就的不足而生气呢？看上去这孩子好像真是从另一个行星上来的，而且是乘着一只星船来的！他想，不如跟着这个孩子，看他个究竟，直到他的父母来了再说。

"这么说来，"兰肯说道，"你是乘着一只星船到这儿来的，是不是，孩子？喔，大概是吧！你看，我怎么原来没想到这一点呢？你乘的星船是一个飞碟，是吧？"他说着笑了笑。"可你看上去却不像是个绿头发绿脸的外星人啊！"

孩子笑起来了，他笑得那样自在，那样欢快。兰肯心想，我只当是在黄昏时分、在快要关门的公园里玩一场打哑谜的游戏吧。

"在我们进行星际旅行以前，"孩子说道，"我们那里也有关于飞碟的说法。可是你知道吗？我们在宇宙飞行方面非常先进。"

"啊，我们也曾经有过那一类飞船。"兰肯兴致勃勃地说，"在星际旅行方面我们也曾经干得很漂亮。"

"真的吗？"孩子的声音和表情显示出对这件事十分感兴趣，"后来怎样呢？你们为什么停止了呢？"

"没有钱了，"兰肯说，"人也成问题。很少有人愿意一辈子坐在一只船里到各个星球去旅行。"

"当然不愿意，"孩子表示同意，"因为你们的飞行速度太慢了，最快也不过跟光的速度一样。我们可没有这个问题。"

"真的没有？"兰肯问道，一面使劲忍住笑，"我想知道你们是怎样克服了那个小小的困难的。"一边说着，一边心里暗自好笑，想不到他自己也善于玩这种游戏了。

"啊，那很简单，"孩子解释说，"我们发现了比光还要快的秘密。"

"可那是不可能的！"兰肯反驳说，这会儿他完全忘记了这是幻想，"你可不能太离谱了，孩子！"

"什么事情都是可能的，"孩子平静地说，"只是等待着我们去发现。"

"去发现比光还快……？"兰肯嘲弄地说。

"这是可能的，"孩子重复说，"你看我，不是到这儿来了吗？"

兰肯忽然感到黑夜正在包围着他们。他发现这夜色中的公园是那样荒凉、寂静，静得使人不安。他想，够可以的了，他原本不该鼓励这孩子这样胡思乱想。他得把他带回到现实中来，使他正视这样一个事实：天越来越黑、越来越冷了，公园就要关门了，要是他的父母不快点来……

"听着，孩子，"他说道，"探险是有趣的事，而且肯定将来有一天我们还会真的去进行宇宙航行和探险。可是要让我们大伙儿都坐上宇宙飞船，在另一个星球上着陆，坐在另一个世界的什么公园里，那还是许多许多年以后的事。另外——"忽然他眼睛眨了一下，"难道你真的相信，如果有另外的世界，它会跟我们的一模一样吗？有相同的文化、相同的人、相同的城市、相同的警察、相同的公园、相同的图书馆、相同的博物馆吗？要是我们什么时候能这样轻而易举地到达别的世界，而且发现那里存在着生命的话——按我们的科学家的看法可能有点希望，那将是别的形式的生命，而不是像我们一样的生命，孩子，不是像你和我这个样子。"

"你说得不对，"孩子和气地说，"我们俩的样子是一样的，不是吗？你现在不正在跟我讲话吗？你不是也能听懂我的话吗？"

"这么说你真的是从另一个行星上来的喽。是不是，孩子？"兰肯问道。

孩子点了点头。"我的父母在我们那儿的航天军司令部飞行舰队中当头头。"他骄傲地说，"事实上，这次他们并不太希望我到你们这个行星上来，可我还是来了，因为我想成为第一个在你们的世界上着陆的孩子。由于我们已经围绕你们的行星飞了好多次了——看起来这里还很安全、友好——他们就让我来了。"

兰肯认真地点了点头，差点没笑出来。

"不单单是这些，"孩子继续说道，"同时这也是一种策略考虑。"

"啊，策略考虑！"兰肯心想，这么点儿的小孩子就能说出这种复杂的字眼，可真不简单。当然，他一定是把科学幻想里的内容都背下来了，至少是能够做到对答如流。

"你知道，"他接着说，"我觉得最好是先让孩子们在你们这个星球上着陆，这样就不会使居民受到惊吓，当然并不是说有什么令人害怕的东西，我们那里的人对你们并无恶意。"

"那我很高兴。"兰肯郑重地说。

"我为什么第一个到这儿来，还有另一个原因。"

"你是说因为你的父母在'航天军飞行舰队司令部'里身居要职，对吗？"

"不，先生，不是这个原因，"孩子说道。他根本不理会——或者说不知道——兰肯无意识露出的嘲笑口气。"我是唯一通过了训练而能够适应你们星球上的条件的孩子。这些条件有各个方面——大气、语言、环境，等等。"

"哦，"兰肯说，"看来你干得十分出色啊。你的外表跟我们相像，说话跟我们相像，而且我想你思考问题的方式也同我们相像。实际上——"现在他毫不掩饰地笑了，"你就是我们当中的一员。"

孩子点点头表示赞同。"你说得对。现在看来，那些严格的训练有许多是不必要的。你们看上去在各方面都同我们相像，只是在宇宙飞行技术上还不如我们先进，而且对你们自己的星系以外的银河系还处于比较无知的状态，但是你们仍然可以同我们的人种一样得到进

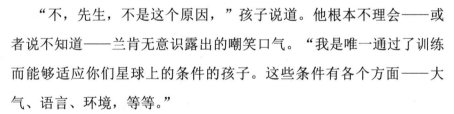

55

步的。"

"你知道，我们多年来一直对你们的星球进行深入的研究。你们这儿的人种有一两个功能是我们也想拥有的，但这并不重要。你们有许多需要向我们学习的东西，我敢说，要过许多年以后你们才能学会。当然，你们没法到我们那儿去，而我们肯定能够，而且愿意到你们这里来。"

"来侵犯我们吗？"兰肯装出十分警惕的神情问道，一面竭力忍住不笑出声来。

"啊，不是的！"孩子大声说，似乎他感到有点震惊。"不是侵犯，而是友好访问。我们的用意全是友好的。"

"那么你们那颗友好的星球叫什么名字呢，孩子？"

这一来，孩子第一次显出躲躲闪闪的样子。兰肯心想，他可能还没来得及给他的行星编造出一个合适的名字呢！

"对不起，长官，"孩子终于说话了，"我这次执行的是一桩半秘密性质的使命。虽然我们是作为朋友到这儿来的，我们还是不能泄露出我们星球的名字和位置，以防你们这儿有人会对我们采取不友好的行动。"

兰肯仔细端详着孩子脸上那认真的神情，一双明亮智慧的眼睛闪着兴奋的光芒，使得这孩子更加令人着迷了！他开始感到自己刚才不该鼓励他再胡扯下去。"好了，孩子，"他说，"我也有过年轻的时候，但是——"

"你也年轻过吗，长官？"

兰肯瞪了他一眼。"我当然年轻过！"他不客气地说。

"这对我很有启发，"孩子若有所思地说，"我过去一直认为这个星球上的居民一生下来就是这么大。"

真是荒唐到家了！兰肯想。他肯定是一个专门搞恶作剧的小丑！"我说，孩子，"兰肯严厉地说，"开玩笑是开玩笑，可是——"

"是很像玩笑。"孩子说着也笑了。

兰肯如释重负似地叹了口气。这孩子到底承认他是在开玩笑了。

"说正经的，孩子，"兰肯说，"你家住哪儿——我问的是你在这个星球上所居住的地方。"

"可是我不住在这个星球上啊。我跟你说过了。"

"好了，好了，"兰肯烦躁地说，"要是你一定要把这场戏演到底——我看你是在存心和我作对，是不是？你也该从你的科学幻想小说中钻出来了！"

孩子笑了。"你老是说幻想小说，幻想小说，但这不是幻想小说啊！"他说道。

兰肯什么也没有说，因为他想不出该说什么了。

他只是站在那里，盯着孩子的脸。他本应在一开始就制止这场游戏，而不是鼓励它！他本应在天黑之前就把他带到派出所，带出这个公园。兰肯站了起来。是该结束这场游戏了。

"在你们那里有法律吗，孩子？"

"嗯，有的。每个星球都必须有法律和秩序，不然就无法生活。"孩子一边说着，一边用眼睛扫视那夜色笼罩的天空，好像有些心神不安。

"我很高兴你有这种看法，"兰肯说，"因为这意味着你会乖乖

57

地跟我走，不再争论，也不再耍把戏。这可是真的。你要跟我走，我说孩子——现在就走！"

"跟你走？"孩子转身看着兰肯，吃惊地问道："到哪儿去？"

"到派出所去，就今晚一宿。我们不能再在这里待下去了，公园就要关门了——说不定现在已经关了。"

兰肯看了看手表。公园的看门人总是时间一到就关门，有时还提前关门，而不管公园里还有人没有，反正关门是他的职责。而兰肯的职责是进行检查，确保没人留在园内。

孩子异乎寻常地沉默了。他再一次昂首望着天空，焦急地扫视着深沉的夜色。兰肯在这温暖的夏夜中不知怎地开始有些颤抖。他还得费点劲弄清这个孩子是从哪儿来的——他的家在哪里，他住在什么地方，不管怎样，他不会没有家。可能有人丢了小孩，而此刻正在寻人。但有一点是很清楚的——他知道他肯定不会从那个地方来！不会来自星球，不会来自他上方的那高寒的世界。

兰肯坚定地转身看着那孩子，而那孩子此刻好像已完全忘了身边还有兰肯。孩子仰着头，凝神望着那满天的繁星，显出渴望的表情，想家的表情。

兰肯又开始琢磨了。说不定自己最初的假设是正确的。难道这孩子的父母真的去世了吗？也许他的幻想只是他感情上的一种掩饰，一种用来掩盖悲痛和孤单的方式，一种思想上的寄托、逃遁。兰肯一动不动地紧盯着孩子那稚气的、仰望着的脸庞。忽然，他觉得有些奇怪。他一下子坐到了长凳上，浑身震颤、发抖，可是他的眼睛压根不离开孩子的脸。

"他们就要来了，"孩子突然说道，"仔细看，你准能看见！"然后他转过身来正对着兰肯。"刚才跟你的谈话很有趣，长官。我学到了很多东西。我还会来的，其他的人也会来，很多其他人。我喜欢你们的星球。"说着，他又看了看天空。"可是，还是回家好！"

"家在哪儿，孩子？"兰肯温和地问道。

孩子没有回答，他只是凝望着天空，就像没听到兰肯的问话似的。兰肯目不转睛地看着孩子。在夜色中孩子的眼睛像星星一样明亮。

"家在哪儿啊，孩子？"兰肯又问一遍。他的声音颤抖着，就像他的身子一样。

孩子没有回答，也再也没有说话。

这时只见天空里一道闪光，遥远而清楚，一个亮晶晶的东西在静谧的群星中移动着。它光焰四射地滑行着，像是一颗巨大的星球。它越来越低，越来越近，直到停止移动而悬浮在一大片树林的上方。兰肯一时百感交集，刚才说过的话、经过的情景一下子在心里乱成一团。"他们只是悬在半空中——"，孩子说过的——"然后我就被吸起来……"

看，被吸起来了！兰肯摒住呼吸，只见孩子真的腾空而起，双臂紧贴在身子两旁，双脚离地，向上飞起来了，忽而向前，忽而向上，飞向前边的树林上空，忽而向上，忽而向前……

兰肯眼睁睁地看着，忽然孩子的周围泛着光焰，闪光掩没了孩子的身影，兰肯再也看不到他了。树林上方的光焰不见了，天空的光焰不见了，夜色中的光焰不见了，只剩下了兰肯。四周漆黑，他感到从没有这么热过——因为他太激动了。

4. 空中岛

今天晚上是最后一次比赛，了解空间和火箭知识最多的人将成为得奖的人。当主考官拿出两张飞机的照片让男孩们辨认时，只有我正确地答了出来。这样，我当然赢了。

"很好，罗伊，"主考官说，"你是优胜者了，你知道，一等奖获得者可以到世界上任何一个国家去旅游。你喜欢到哪儿去啊？"所有的电视观众都在等着听我的回答。

"我要到中心站去。"我说。

主考官吃惊地解释道："我很抱歉，罗伊。规定上说的是，你可以到地球上任何地方去。"

"我已经仔细地读过了规定，"我回答道，"那些规定并没有说'地球上任何地方'，而是说可以到'地球的任何部分'。这是有很大区别的。"

"你这是什么意思？"主考官问。

"法律规定，中心站是地球的一部分，因为中心站离地球不到 1 000 英里远。空间中的任何东西，只要离地球不到 1 000 英里远，就是地球的一部分。"我回答道。

主考官惊奇地凝视着我："这是你爸爸告诉你的吗？"

"不是。"我说。

"好吧，"他说，"现在节目结束了，以后我再通知你能否去中心站。"

主考官说对了，我自己是想不出这种回答来的，是我叔叔给我出的主意。他发现了规定中的那个疏漏之处，并告诉我，电视公司是会让我到中心站去的。我已经16岁了，我非常想去中心站旅行。

一个星期之后，我收到电视公司来的一封信。信里说，他们对我正确地研读了那些条文表示赞赏，他们同意我去中心站旅行，并为我支付一切费用。我多么兴奋！没多久我就可以在空间旅行了，在高高的天空中，在许多星星之间旅行。

几天后，我乘飞机飞往纽约体检。医生把我放在一只箱子里，让箱子转得飞快，当我从箱子里出来的时候，我觉得站也站不起来。进行最后一项测验时，医生在我的头上装了许多金属导线，把我带进了一间狭小的暗室。这间房间的另一头的门是关着的。

"听好，罗伊，"医生说，"你就站在这儿，如果有人对你说话，你就按他说的去做。"他离开了。我站在黑暗中，什么也看不见。头上的金属导线把我的大脑活动报告给医生。突然，有人说："请你走过前面的那扇门，然后停下来。"

我向前走过了那扇门。突然电灯一下子亮了。看到眼前的景象，我禁不住惊叫起来。

我看见我飘在一间房子的天花板上，一个人走进了房间，坐在桌子旁，朝上看了我一眼。我很快就想到，这一定是一种幻术。我是站在一间房子里的地板上，看到的是从另一个房间镜子里反映出来的景象。这时，我背后的门被拉开了。医生走了进来。

"我们叫你吓了一跳吧?"他笑着问我,"你知道我们是在测验什么吗?"

"你们是在测验我在失重状态下的反应。"我说。

"对了,"他说,"在宇宙空间,你一点重力都没有,你不能在地面上行走,而只能在空中漂浮。好啦,所有的测验你都通过了,你准备好到宇宙中心站去吧。"

我向父母告别,开始我一生中最伟大的探险。

我是飞船里唯一的乘客,因为这是一艘载货飞船。对电视公司来说,这样做费用比较低。当我走进飞船时,飞行员对我笑了一下。

"这么说,你就是有名的罗伊啦。你以前乘过飞船吗?"

"没有。"我说。

我坐了下来,我太激动了。飞行员按了一下开关,伸出两只手臂,在座位上躺了下去。这时,发出了一种很大的噪声,飞船开始抖动起来。突然,我感到好像有人跳到我头顶上。我的身体变得很沉重,两只手臂也抬不起来,呼吸也变得困难了。过了一会儿,我才感到舒服一些。我知道,这意味着我们已经脱离了地球的吸引力。我看到飞行员松开了安全带,朝我飘过来。

"我来把你的安全带松开,"他说,"不过要当心,先要抓住东西慢慢地移动,否则你就会飘到上面去,头会撞到天花板。"

犯了几回错之后,我也能在飞船里四处慢悠悠地漂浮了。我只要自己轻轻一推,上下前后左右,我想要朝哪个方向移动,就能朝哪个方向移动。地球就在我们的下面,我可以清清楚楚地看到几个国家。

"坐下去吧,快要着陆了。"飞行员说。

我坐在舷窗前，在那儿我能看见星星和宇宙中心站。中心站有50多座建筑物，所有的建筑物都是圆形的，最大的一座在中间，它们都是由长长的隧道连接在一起的。我可以看到不同形状、不同大小的宇宙飞船及穿着宇航服的人在飞船外面漂浮着，在上面干活。突然，我听到我们的飞船后面"轰隆"一声巨响，我吓得跳了起来。飞行员说："别担心，他们把一根绳索系到我们的飞船上，要把我们拖进去。"

10分钟后，我们到达了中心站。舱门打开了。"记住，慢慢走。"飞行员说，"请抓住我的腰带，我会拉你的。"他从地板上一跳，就跳到空中。我模仿着他的样子做，可是很笨，我下定决心，一定要尽可能快地学会。

"我带你去见多伊尔指挥官，"飞行员说，"他是站上最重要的一个人，以后他会来照顾你的。"

我们见到了多伊尔指挥官。他正坐在写字台后面，他长得很魁伟，看上去好像很凶。他的两只手臂又粗又壮，肩膀宽宽的，眼眶上边有一条红色的疤痕。

"这么说，你就是年轻人罗伊了？关于你的事，我们已经听说过不少了。"他说，"好了，从现在起，我会照顾你的。"接着，他问了一些关于我的情况，并不停地记录着。而我这时觉得很沮丧，因为我正在这间房子当中飘来飘去，不知道怎样才能下到地板上。后来，他说："好了，现在下午的课程刚结束，我要带你去见见孩子们。"

他从地板上拾起一根金属手杖，把自己从椅子上推出来。我差一点叫出声来：原来多伊尔指挥官是没有脚的！

在中心站的最初几天，我有许多东西要学。首先，我要学习怎样在没有重力的情况下向四周走动。我们都带上了长长的金属手杖，手杖头上有一个弹簧。我们用手杖把自己从地面上推开，也用手杖使自己落在地面上。如果要改变方向，就得用手杖顶着一堵墙。我还得学会喝水。在宇宙空间，你是不能倒出水来的，因为没有重力。如果你把一只茶杯倒过来，那么水仍旧会留在杯子里，要想喝水的话，只有用管子吸。

中心站大约有 10 万人干活，其中有 10 个孩子，他们的年纪跟我差不多。多伊尔带我去见他们，并叫最大的孩子蒂姆照顾我。孩子们正在中心站上学习怎样干活。蒂姆向我介绍了中心站的情况。

"中心站是宇宙空间的一个修理所，"他说，"宇宙飞船都到这儿来加油和检修。宇宙飞船的乘客在去地球的途中，会在中心站停留几天。瞧，那儿有一幢特别的大楼，叫居民食宿招待站。"

我朝外看去，看到一幢很像车轮的大楼，它正在缓慢地旋转着。"从月球上或火星上去地球的乘客都要在居民食宿招待站呆上几天，熟悉地球的重力。"蒂姆说，"大楼中心的重力和火星上一样，大楼外面的重力和地球上一样。那儿还有一个游泳池呢。"蒂姆还告诉我多伊尔的一段经历。当多伊尔在地球上还是个年轻小伙时，在一次车祸中受了伤，在他脸上留下了一道伤疤，而他的两条腿则是在宇宙航行时失去的。他曾前往水星探险，就在那儿发生了不幸的事。他本人拒绝谈那次事件，所以没有人知道事件的详情。随后他要求在中心站工作，因为在这儿他是不需要用两条腿走路的。他在站上已经生活了十年，他可能永远不会回到地球上去了。在地球上，他不能走路，可在中心站上，他却是个强有力的人物。

"我有半个小时可以不干活，"蒂姆说，"我们到外面去看看吧。"

我感到有点害怕。"但是……但是，那安全吗？我还没学会怎样穿宇宙服装。"我说。

"别怕。"蒂姆把该怎样穿宇宙服装演示给我看。中心站上的宇宙服装，跟人们在月球和火星上使用的宇宙服装是不一样的。在月球和火星上是有重力的，宇宙服装就跟普通的服装一样，你可以穿着它们走动。空间站是没有重力的，两腿没有用武之地，所以，宇宙服装是一种像箱子一样的东西。你就坐在里面，用一部发动机来推动它行走。

蒂姆爬进了他的那套宇宙服，用一根绳索把我的宇宙服跟他的系在一起，两套宇宙服里面都有无线电装置，因此我们可以对讲。

"准备好了吗？"蒂姆问。

"准备好了。"

我们慢慢地漂浮出去，进入了宇宙空间。我明知道自己是安全的，可我还是觉得有点害怕。地球就在我们下边，有 500 英里之遥，于是我就想："我要掉下去啦，我要掉下去啦！"当然，我没有掉下去。

外面是大白天，我能朝下看到非洲。我们观察完地球之后，又在中心站外面转圈子，蒂姆边走边给我讲解。一会儿，天忽然黑了下来，原来太阳已经"绕"到地球后面去了。这时，地球就成了一个巨大的黑球，上面宛如穿过了一条金线。后来，那条线一样的金光变成了红颜色，接着就消失了。在非洲上空，夜幕降临了，这可真是蔚为壮观的奇景！太阳不见了，但并不是完全黑暗，因为月亮和星星在闪闪发光。我感到非常愉快，我终于来到了宇宙空间。

中心站是个大地方，但是孩子们并不把他们的时间都花在那儿。离站上大约五英里以外，有一艘很陈旧的宇宙飞船，叫晨星号。由于这艘船太陈旧了，就不用它进行宇宙航行，这艘飞船归孩子们所有。晨星号曾在 1985 年作过飞往金星的处女航。由于孩子们对它的精心维护，这艘飞船的性能仍旧良好。他们都想要乘晨星号去做一次空间旅行，但是多伊尔一点汽油也不给他们。多伊尔说，这艘飞船太陈旧了，乘坐它太危险。

晨星号是属于孩子们的，但是我还没有到那儿去看一看。在中心站呆了一个星期以后，我便被邀请去作客。我乘着小型火箭到了那儿，旅程持续了 10 分钟。

晨星号是一艘很大的飞船。在这艘飞船上，我们随便弄什么都行。因为没有汽油，所以发动机不会运转，是十分安全的。我在晨星号上学到了许多东西，我也学会了怎样在没有重力的地方努力争取到立足点。

一个叫龙尼的孩子长得比我壮实，我决定和他开一次玩笑。我拿了一条长长的绳子，把一头系在地板上，另一头捆在我的脚上。我对龙尼叫"来呀，来抓我吧"，就朝着天花板跳了上去，龙尼立刻也朝天花板跳了上来。我并没有碰到天花板，因为我把自己预先用绳子系在地板上了。我马上从脚上解开了绳子，接着跳上去，用头对准龙尼的肚子顶了一下。这回，他没有力气对付我了，而我却能够抓住他，把他顶到墙上五秒钟。这样，按规定我就赢了。

我们也玩一些"游泳"的游戏。我们大家全都站在房间的一头，接着就穿过空中"游泳"到房间的另一头。谁先到，谁就算优胜者。我经常在这种比赛中获胜。

孩子们经常上课。有一天是多伊尔上课。这天讲的是关于流星的课。

"一颗流星是一块以非常快的速度飞过空间的陨石，"他说，"它们有的大，有的小。如果一颗流星击中了飞船，就可能给飞船造成严重的损失。这个中心站就靠外面的两堵墙来保护。你们看到墙上黄色的圆形金属板没有？要是一颗流星穿透了两堵墙，你就必须轻轻地把一块这种金属板塞进那个洞口。"他扔给诺曼一块金属板说："你们看看这个东西，传着看一下，谁还有什么问题吗？"

突然，"轰隆"一声，教室墙上出现了一个洞孔。我们立刻听到从洞孔处发出的尖厉的呼啸声。起初，我们除了瞪着眼睛看着，全吓呆了，不知道干什么才好。后来，诺曼拿起放在桌上的金属板，就朝洞孔那儿冲了过去。他跟强风搏斗着，接着呼啸声一下就停止了。诺曼把那个洞孔堵住了。

多伊尔一边笑着，一边看着手表，原来他捉弄了我们一次。"很好，你只用了6秒钟。"他说。

"谢谢您，先生，"诺曼说，"这不太危险了吗？"

"没关系，蒂姆穿着宇宙服呆在外边。要是你花的时间超过十秒，他就会从外面把洞堵住。"他微笑着停了一下，又严肃地说："这可不是开玩笑。正如你们看到的，一个小洞孔能够在半分钟之内把一间屋子里的空气全吸光。"

一天，一艘名叫西格纳斯的飞船飞到了站上。几天以后，大家都在谈论这艘船。这是因为，没有人知道西格纳斯号到哪里去，也不知道这艘飞船在中心站搞些什么，而且，这艘飞船停在离中心站10英里以外，这可是一段很长的距离，通常宇宙飞船都停在大约5英里的地方。每天西格纳斯号上有两个人来到中心站，但他们不跟任何人说话。所以，一个叫彼得的孩子就认为他们是强盗。有一天，彼得了解到这艘宇宙飞船收到从地球上发来的暗语电讯，他非常激动："看，怎么样，我说对了吧。他们一定是强盗。我要去侦察一番，谁跟我去？"

"我去！"一个叫卡尔的孩子说。

第二天，那两个人又到站上来了。天一黑，彼得和卡尔就动身出发了。他们很快就到了西格纳斯号。

"一切寂静无声，"彼得通过无线电向蒂姆报告，"我们可以上那艘飞船吗？"

"可以。"蒂姆说。

我们听到了打开房门的声音，接着，听到彼得的高叫声："卡尔，卡尔！快看，飞船里满载着枪支，我们怎么办？"

"卡尔，是真的吗？"蒂姆问。

"是真的。这种枪支我还从来没见到过呢。不好了，有人进来了！"卡尔说。

"赶快离开！"蒂姆命令道。

"他们没带武器，也没穿宇宙服，我想去会会他们。"彼得说。

我们全都十分激动地等待着，等待着听到枪声或听到一种新式武器的声音。我们听到卡尔说："你们是什么人？到这儿来干什么的？"

"好啊，孩子们，"其中一个人说，"你们可以把那些枪放下来了。

那玩意儿你们连一只老鼠也打不死，那是玩具枪。你们一定是从中心站来的。我们是电影公司的，到这儿来拍一部电影。"

听到这里，我们所有的人都哈哈大笑起来。很快，我们和电影公司的人交上了朋友。他们邀请我们去喝茶，并告诉我们他们将要拍摄的影片。这将是第一部完全在宇宙空间拍摄的影片，描写一对男女因为4条腿的怪物的攻击，而在宇宙空间迷失了。他们的飞船被摧毁了。男主角在空间漂浮，到处寻找他的女友，当他找到女友时，他的女友正要撞上一颗星球，面临着死亡的威胁。在千钧一发之际，男主角救出了他的女友。著名的男女演员从地球上飞来。男演员叫邓肯，女演员叫琳达。

拍摄中有两个问题没有解决。影片是描写在半人马座主星星体附近空间的一次历险。影片公司想让观众在影片中看到一颗行星，但是他们不希望观众看到地球上的国家，这就是说，每小时只能拍摄10分钟。在这10分钟里，人们只能看到海洋和陆地，但看不到地球上的国家，这是因为中心站绕地球旋转的时间极短。另一个是光照问题。在宇宙空间，每样东西任何时候都是一半在阴影里，他们认为这样会使观众倒胃口，会使他们感到迷惑不解。

影片公司不知道该怎么办才好，于是有个人出主意说："为什么你们不用一面镜子呢？"然而，哪里会有这么大的一面镜子呢？这时，多伊尔突然想起，有一个非常大的"镜子"就在附近宇宙空间漂浮着。这个"镜子"原来是一座旧的空间站的一部分，这个旧空间站离中心站大约有100英里。我们跟随多伊尔一起乘火箭飞到那里，负责照看那面"镜子"。

　　这天，拍摄了十分钟后，照例不能拍了，还要等上 *40* 分钟才行。这时，邓肯说："我可不想干等着，我要到那面'镜子'那儿去看看。"于是，他就朝我们这个方向出发了。多伊尔远远地看到他冲过来，大叫起来："快叫他停住，他会活活烧死的！"原来，那面"镜子"看起来温度并不高，但实际上就跟太阳一样热。有人通过无线电呼喊，但是已经太晚了，邓肯已经快到"镜子"跟前了。这时，多伊尔迅速地扭动了一下开关，那面"镜子"就开始缓慢地移动起来。几乎与此同时，邓肯冲了过去——他得救了。

　　此后，电影公司就离开了，他们要到宇宙空间的另一处地方，在那儿，整日都亮如白昼。

　　我们的空间站是离地球最近的一个，在宇宙空间还有更远一点的空间站。有 *3* 个站负责研究地球上的气候，两个站传送电视节目，另一个空间站就是宇宙空间医院。

　　一天，蒂姆告诉我们一个好消息，他说多伊尔同意我们使用晨星号了。原来，一艘飞往地球的飞船上有一名乘客患了重病，要立刻把他送往医院。可是，中心站上的所有的飞船都在检修，于是，蒂姆要求使用晨星号。多伊尔再三考虑之后才同意的，不过，他要担任驾驶员。

　　这是晨星号 *100* 年来的第一次航行，我们非常激动！我们乘着晨星号向空间医院飞去，不久，我们就看见了那所医院。它的形状很奇怪，像是一朵玻璃花儿，总是面向着太阳。所有的墙壁都是用玻璃做的，能看见人们在里面走动。我们到达时已有许多记者在等待采访我们。

我们在医院停留了两天，在此期间，医生让我们参观了整个医院。医院是个令人非常愉快的地方，有许多人长期在那儿生活，有的人根本就没有病，但是如果他们在地球上生活，就可能由于患病而死亡。医院里阳光充足，还有许多花园、商店和电影院。

一天，医生让我们去见见霍金斯博士，我们好不容易找"对"了房间。蒂姆推开了房门，房间里黑洞洞的，有一股难闻的臭味。

"我们找错了地方，我们走吧。"龙尼说。

"等一会儿，"诺曼喊道，"你们看，这儿有一棵怪树。"

我们慢慢走进房间。那是一棵不同寻常的树。树种在一个金属箱子里，枝条一直弯到地板上，一片叶子也没有。房间里又热又潮湿。突然，树的枝条朝我们自动卷过来，我们全被抓住了。我吓得要命，拼命挣扎。当我能碰到地板时，就用力一蹬，朝着天花板飘上去，那些枝条就松开了。其他的人也用这种办法挣脱了怪树的纠缠。于是，我们朝门口走去。门突然开了，一个医生走进来。他扭开电灯，看着我们。

"你们弄出很大的声音，我希望你们没有弄坏卡思伯特。"

"那棵可怕的树攻击了我们，我们没有弄坏它。"诺曼说。

医生笑了起来，他朝那棵树飘去。我们都惊奇地望着。枝条围着医生自动卷了起来，医生只用手护住了自己的脸，但是并不挣扎。

"卡思伯特并不聪明，它以为凡是走近它的都是可吃的东西。不过，它并不吃人，它很快就会放我走的。你们看！"

果然是真的，他说话的时候，那些枝条就松开了。

"这树是什么东西？"诺曼问。

"霍金斯博士会给你们解释的。他派我来找你们，你们走错了房间，跟我来吧。"

他把我们领进了另一个房间，霍金斯博士已在那儿等着我们了。这间屋子里有很多笼子，笼子里有很多苍蝇，这些苍蝇竟然有 12 英寸大。

"这些苍蝇为什么这么大？"我问。

"动物在宇宙空间比在地球上长得要大，"博士说，"卡思伯特其实不是一棵树，它是在地球上生存的一种微型生物，而在这儿，它就长得特别大。"这真是又奇怪又好玩。

我们离开了宇宙空间医院。在返回中心站的途中，有 3 个小时我们大家没事可干，于是，多伊尔就给我们讲起他的空间历险记来。他曾经参加过飞往水星的处女航，就在那次航行中，他失去了两条腿。他说："水星是不运行的，它对着太阳的这一面总是亮的，而且非常热，叫日面；另一面则叫夜面，它总是处在黑暗中，像冰一样冷。日面和夜面交叉的地方叫日夜交叉面，是个半明半暗的地方，气温暖和，当时我们打算在这个地方着陆。我们曾想日面那边会是一片山地，可是我们想错了，那些山在高温之下融化了，成了炽热的金属大湖。不过，日夜交叉面却有许多大山。

我们在日夜交叉面上着陆了，每天我们出去搜集岩石，我们从未碰到过任何生物，因为在那样一个气候恶劣的地方是不可能有生物生存的。一天，我们看见了一个东西在走动，那东西很像一个蜘蛛，但是跟人一样大小，浑身银白色，有 4 条腿，一对前肢和一个小脑袋。它正在抓起岩石，把岩石打成碎末，接着就吃那些碎末。我们慢慢朝它走去，动手拍照片，忽然，那东西掉过头来看到了我们。我对其他人说：'你们在原地等着，让我上前去对它表示友好。'但是，正当我向前走时，那动物立了起来，开始上上下下地摇动着它那一对前肢。其他人对我说：'回来吧，它大概发火了。'可是已经晚了。那个动物抓起一块岩石扔了过来，打在我的两条腿上。岩石击中了我的宇宙服，我连忙跑回到伙伴那里，朝飞船跑去，那动物又吃起岩石粉末来。

后来我们才知道，这种动物是在日夜交叉面生活的，因为它们已经把那里的东西吃光了，它们就到夜面去找吃的。那动物攻击我可能是以为我在偷它的食物呢。这些动物是靠投掷岩石去打击对方的腿来进行搏斗的，如果哪个动物的腿被打断了，它就不能回到日夜交叉面去了。当我们快走到飞船时，我感到双腿疼痛。那动物虽然没打到我，但是打破了宇宙服，把我的腿冻僵了。朋友们把我背回来，从那以后，我便失去了两条腿。"

听完了多伊尔的故事，大家都默不作声。我靠在舷窗边朝外望去。突然，我吓坏了：地球越变越小了！中心站在地球和空间医院之间，我们应该越来越驶近地球，地球看上去应该越来越大才对。这是怎么回事？我惊恐地看着飞行员。显然，他也发现了这件事。我们正朝外层空间行驶，离地球和中心站越来越远。

我们不知道我们是在哪儿。多伊尔用无线电朝中心控制室呼叫，找到了方位。中心控制室告诉我们，我们正朝月球飞驶。问题很严重。无论是飞往月球，还是掉头飞回中心站，我们的燃料都不够了，此外，再过三四个小时，我们的空气也就用光了。多伊尔对飞行员说："可以要求月球上派出一艘飞船来给我们加油。不过，那要花很多的钱。"

飞行员想出了一个办法。他说，月球可以把大汽油箱发射到飞船上来，这要比派一艘飞船来加油便宜得多。这样一来，大家又高兴起来。而我则非常兴奋，因为我从来没有这样接近过月球。

飞船离月球很近了。过了一会儿，一只油箱朝我们飞来。我们把汽油从油箱里抽出来，灌进飞船。10 分钟后，我们就开始返航了。我盯着荧光屏看，见那油箱飞驶而去，消失在遥远的空间。突然，我从荧光屏上看到一个黑点，它越来越大，可是还是看不清楚。我叫起来，大家都跑来看，只见它一头是扁平的，另一头却是尖的，一圈又一圈地转着。多伊尔说："咱们过去看看。"于是，飞船就朝那玩意儿飞去。

很快，我们和它的距离只有一英里了，它原来是个涂着鲜红颜色的火箭。火箭上还画着一幅画，那是一幅意味着死亡的画。画上是一个死人头骨，头骨下面是两根相互交叉的骨头。画的下面还有两个字：危险！

多伊尔立即命令掉头离开，他说，火箭里装的是有毒气体。大约 100 年前，地球上的人还不知道怎样处理这些气体，于是把它们装在火箭里发射到空间来。"现在，地球上的人当然不会这样做了，"多伊尔说，"这些火箭已经被月球回收销毁，这一个可能是被遗漏的。"

当我们抵达中心站的时候，我的假期还剩一天。多伊尔安排我搭乘从火星来的一艘载客飞船回家。回到中心站的第二天，我就到了居民食宿招待站。在那儿，我会重新习惯地球的重力。

空间居民站的建筑是圆形环状的。一共有 3 层，最里面一层的重力相当于地球重力的 1/3，中间一层的重力相当于地球的 2/3，外层重力与地球重力相等。居民站就像一家旅馆。我在服务台登了记，就被带到一个房间。在这里，我重新使用水龙头和脸盆洗脸，又花了一个晚上躺在浴缸里洗澡，这对熟悉重力是有好处的。居民站上的大多数人是从金星上来的，他们习惯于 1/3 的重力。但我走起路来却觉得有点困难，呼吸也不畅快。我的房间在 1/3 重力这一层，早上，我决定去看看 2/3 重力的那一层。我走下楼梯，双腿沉重，但我要坚持下去，因为我必须重新学会过有重力的生活。几天之内，我就要离开宇宙空间了。

在居民站，我认识了从金星来的一个男孩和一个女孩。他们把在金星上的见闻说给我听，还给我看了几张红色沙漠、玻璃城市及一些稀奇古怪的植物和树木的照片。有一张照片是那个小男孩和一个金星人握手。金星人看上去就像小猴子，但他们的眼睛又大又白。地球人在金星上要在脸上套上一种头盔一样的东西，因为金星上的空气比地球上稀薄。

在居民站，我还到游泳池去过。游泳池里的水呈曲线而不是平的。这就是说，当你站在游泳池一边的时候，看上去另一边的水位高于你的头，好像另一边的水要倒下来落到头上似的，真有意思。

回家的日子来临了。我登上了宇宙飞船，在一个靠窗的座位坐下来。引擎发动了，飞船从站上滑行出去。我们的飞船掉头朝下向地球飞去。我朝着中心站不停地挥着手。再见了小伙伴，再见了多伊尔，再见了中心站！

5. 太阳帆船

　　紧紧系在悬索上的大圆盘形太阳帆，已经鼓满了宇宙间的长风。3分钟后比赛就要开始。然而，约翰·默顿现在比以往任何时候都更轻松，更平静。指挥官发出比赛开始信号后，无论发生什么事情，也不管狄安娜号把他载向胜利还是载向失败，都算实现了他的勃勃雄心。他一生都在为别人设计飞船，现在，他要自己驾驶飞船了！

　　"最后2分钟，"座舱无线电发出指令，"请检查准备情况！"

　　其他船长都逐个回答。默顿辨别出了所有的声音——有的紧张，有的平静——因为都是他的朋友和对手的声音。在有人烟的4块大陆上，几乎只有二十几个人能驾驶太阳飞船，并且他们都云集在这里，在出发线上或登上护航飞船，准备到赤道2万2千英里高空的轨道上航行。

　　"1号——游丝号，准备好出发。"

　　"2号——圣玛利亚号，一切准备就绪！"

　　"3号——阳光号，准备就绪！"

　　"4号——投标器号，一切系统正常！"

　　默顿对最后那声在宇航中初出茅庐的回答微微一笑。但是这已成了空间比赛的一种传统，有时，一个人就需要引起超过他飞向星际的人对他的注意。

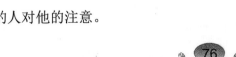

"5号——列别捷夫号，我们准备就绪！"

"6号——蜘蛛号，准备就绪！"

默顿在出发线的末端，现在轮到他回答了。一想到他在这个小小的座舱里说的话，至少有50亿人听到，不禁有奇妙之感。

"7号——狄安娜号，准备好出发！"

"1——7号的回答，全部听到。"裁判员从发射装置传出的声音不偏不倚，"现在，最后1分钟。"

默顿几乎没有听见裁判员的声音，他在对悬索的拉力做最后一次检查。全部测力计的指针都很稳定，巨大的太阳帆拉得很紧。太阳帆平滑如镜的表面在阳光下闪闪发光，耀眼夺目。

默顿在潜望镜前飘飘悠悠，太阳帆好像布满了整个天空。这是很可能的，因为外面有8千万平方英尺的太阳帆，由几乎100英里长的悬索把他的密封舱系在帆上。即或把曾在中国的海洋上像游云一样相互追逐的全部快速运茶帆船的所有风帆，缝成巨大的一片，也无法与狄安娜号在阳光下张开的帆相比拟。然而，它却比一个肥皂泡坚固不了多少，两平方英里的含铝塑料薄膜只有几百万分之一英寸厚。

"最后10秒钟，打开全部录像机！"

一件如此巨大而又如此脆弱的东西，是人的头脑难以理解的。看到这脆弱不堪的镜子，仅以它所采集的阳光为动力，就能把飞船拉起挣脱地球引力，更加令人难以置信。

"……5、4、3、2、1，断缆！"

7把刀片割断了把飞船拴在为其进行总装和维护的母船上的7条细线。

直到这一瞬间，帆船都按严格排列的队形，一直绕地球转圈。但是现在，它们开始散开，宛如蒲公英的花籽在轻风中飘散。优胜者将是第一个飘过月球的人。

在狄安娜号上，似乎安然无事。但是，默顿心里很清楚，虽然他的身体感觉不到推力，但座舱仪表告诉他，他正在以几乎是 $1/1000$ 的推力增加着速度。对于一枚火箭来说，这个速度将会是荒唐可笑的，但这却是太阳飞船第一次获得的加速度。狄安娜号设计合理，宽阔的巨帆现在还符合计算要求。按这个速度，绕地球两圈之后，就能达到第二宇宙速度，太阳帆以全力推动着，那时他将向月球飞去。

全是太阳风的力量！他回忆起在地球上向听众解释利用太阳帆航行的全部尝试，不禁苦笑了一下。那是他早期筹款的唯一办法。他蛮有把握成为宇宙公司的总设计师，在宇宙飞船上获得一连串的成功而誉满天下，可是，他的公司对他的业余爱好却恰恰缺乏热情。

"把手伸向太阳，"他曾对听众说，"你们有什么感觉？当然是感觉到热，但是还有压力——虽然你们从未注意到，因为在你手掌面积上的压力微不足道，只相当于百万分之一盎司。"

"但是在宇宙空间，即或像这样微小的压力也可能是重要的，因为它每时每日都在发挥着作用。它与火箭燃料不同，免费获取，不受限制。我们想要使用，就可以使用。我们可以造太阳帆来采集太阳的辐射光。"

说到这一点，他就掏出几平方码制太阳帆的材料，向听众抛去。银色的薄膜像烟云一样卷曲盘绕，然后随着热气流徐徐飘向天花板。

"你们可以看见这是多么轻。"他继续说，"1 平方英里薄膜只有

1 吨重，可采集 5 磅辐射压力。这样，它就开始移动——假若给它系
上悬索，就能让它拉着我们上天。"

"当然，它的加速度将是微乎其微的，大约有一个重力的 *1/1000*。
这看起来不大，但让我们看看这究竟意味着什么。"

"这意味着在第一秒钟里，我们将移动 *1/5* 英寸。我敢说，一个
正常的蜗牛也能比它爬得远。但是 *1* 分钟之后，我们移动了 *60* 英尺，
并且 *1* 小时将刚刚超过 *1* 英里的速度。这并不算坏，因为完全是以阳
光为动力的！*1* 小时之后，我们离开起点 *40* 英里了，并将以每小时
80 英里的速度移动。请记住，宇宙空间没有摩擦力，所以，一旦使
什么东西开始运动，它就会永远运动下去。当我讲到千万分之一重力
的帆船在完成一天航程之后的情形时，你们就会惊讶不已。几乎是每
小时两千英里！如果它从轨道开始运行——当然必须如此——一两
天内就可以达到第二宇宙速度。这一切，都无需耗用一滴燃料。"

他使听众折服了，也终于说服了宇宙公司。在过去的 *20* 年中，
出现了一种新的游戏，被称为亿万富翁的游戏，这是千真万确的。但
这种游戏正以广告宣传和电视报道的形式开始得到补偿。四块大陆和
两个世界的声望正寄托在这次比赛上，它拥有历史上最多的观众。

狄安娜号出师顺利，航行良好，他有时间看一看他的对手。在
操纵密封舱和纤细的悬索之间虽装有减震器，默顿还是决心不冒险为
好，置身在潜望镜前。

他看见他的对手们了，他们犹如朵朵奇妙的银花绽开在幽暗的宇
宙空间。最靠近的是南美的圣玛利亚号，只有 *50* 英里远。它倒很像
儿童玩的风筝——但这风筝从侧面看比 *1* 英里还大哩！远一点的是宇

79

宙城大学的列别捷夫号，看上去像十字形的马耳他岛国，形成 4 支长臂的太阳帆显然可以倾斜跷起，以便进行驾驶。与此相反，澳大利西亚联邦的投标器号却恰像一具简单的降落伞，周围有 4 英里之大。通用宇宙飞船公司的蜘蛛号，恰如其名，看上去像个蜘蛛网，是按蜘蛛网的原理制造的。用一个机器滑梭，从中心点向外盘旋织成。欧洲宇宙联合公司的游丝号，设计相似，但规模较小。玛尔斯共和国的阳光号，是一个扁平的圆环，中间有一个半英里宽的孔洞。它慢慢地旋转着，离心力使它保持平稳。这种设想早已有之，不过，未曾有人进行尝试。默顿敢完全肯定，一旦他们开始比赛，这些殖民地人一定会遇到麻烦。

　　用不了 6 个小时，飞船飞完了漫长而庄严的 24 小时轨道的第一个 1/4 的航程。在比赛开始时，他们都是与太阳背道而驰，顺着太阳风飞行。他们必须在飞船转到地球的另一面、转而飞向太阳以前，尽善尽美地完成这一圈的航程。

　　默顿自语道，该进行第一次检查了，然而他并不为航行担忧。他用潜望镜仔细检查太阳帆，重点检查连接悬索的地方。悬索是未镀银的塑料薄膜制的窄带，假若没有涂上荧光，是根本看不见的。现在悬索是一条闪着彩色光辉的绷得很紧的长线，这光辉顺着伸向巨大太阳帆的几百码长的悬索，越来越昏暗。每一个悬索都装有电动绞盘，比渔人钓竿上的卷轮略大一些，小小的绞盘不停地转动着，随着自动驾驶仪调整太阳帆与太阳保持正确的角度而把线卷入或放出。

　　阳光在非常柔软的宛若明镜的表面上反射，绚丽多彩，蔚为壮观。太阳帆在微微的振荡中轻轻地波动着，向茫茫太空传送出太阳的千变万化的影像，直到这光彩消失在太阳帆的边缘。对于此类宽大而轻薄的结构，这种缓慢的震荡是意料之中的，并无害处。尽管如此，默顿还是细心地观察着。这种震荡有时可能造成灾难性的波动，即人们所知的扭动，会使太阳帆撕裂成碎片。

他满意地看到一切都保持流线型后，使用潜望镜向天空扫视，再查看一下对手们的位置。正如他所期待，淘汰过程开始了，最差劲的飞船被抛在后面。但是，当他们进入地球的阴影时，真正的考验才会到来。那时，飞船的机动灵活性将和速度同样重要。

比赛既然刚刚开始，想要睡点觉未免显得有些奇怪，但这或许是个很好的想法。在别的飞船上有两名乘员，可以轮换睡觉，而默顿却无人替换。他必须像孤独的海员乔舒亚·斯洛克姆在小小的浪花号里一样，完全依赖自己的体力。当时，这个美国船长只身驾驶浪花号绕地球航行一周，可是他连做梦也不可能想到，两个世纪以后会有人独自驾驶从地球飞向月球——至少部分地受到他树立的榜样的鼓舞。

默顿把座舱里座位上有弹性的带子"啪"地扣在腰和腿上，然后把催眠器的电极放置在前额上。他把定时器定在 3 个小时上，便放松下来，开始休息了。

电子脉冲轻轻地在他的大脑前叶上颤动着，催他入睡。盘旋上升的彩色光圈，在他紧闭着的眼睑下展开，向外无限地扩展着，然后，一切都消失了……

警钟响亮而刺耳的闹声，把他从无梦的酣睡中拖了出来。他即刻醒来，眼睛扫视着仪表板。只过了两个小时——可是，在加速表上方一个红灯正在闪耀着。推力在下降着，狄安娜号在失去动力。

默顿首先想到是太阳帆出了问题，或许是反螺旋装置失灵了，也可能悬索缠在一起了。他敏捷地检查一下指示吊索拉力的仪表。真奇怪，在太阳帆一侧读数正常——可是，在另一侧，拉力在慢慢地下降，甚至眼巴巴地看着它下降。

默顿突然醒悟了，他抓起潜望镜，开向广角视野，开始扫捕太阳帆的边缘。啊，毛病出在那儿，原因只能有一个。

一个巨大的边缘像刀刃一样的阴影，已开始偷偷滑进太阳帆闪闪发光的镀银表面。黑影落在狄安娜号上，好像一块黑云从它和太阳之间飘过。狄安娜号处于黑暗之中，失去了推动它的光线，它就会丧失所有的推力，无能为力地在宇宙间飘游着。

当然，在离地球2万英里的高空是没有云的。假若有一个阴影，那必定是人为的。

他把潜望镜转向太阳时，不禁轻蔑地一笑；他装上滤光镜，便可全然看到太阳燃烧着的表面而不使眼睛受伤。

"机动驾驶'4a'。"他喃喃自语道，"看谁玩得漂亮！"

看起来很像一个庞然大物的行星正穿过太阳的表面，一个巨大的黑色圆盘已经深深地切入了它的边缘。在20英里的后方，游丝号正千方百计制造人工日食——尤其为了狄安娜号的缘故。

机动驾驶是完全合法的。以往进行海洋比赛的时候，船长们经常企图使对方丧失风力。假如你能幸运地使你的对手停止不动，使他的帆垂落下来，你便可在他排除故障之前远远地超过他。

默顿并不打算这样轻易地就范。要采取规避措施，时间绰绰有余。驾驶太阳帆船航行时，物体运动得相当慢。至少需要20分钟，游丝号才能滑过太阳的表面，把它投入黑暗之中。

狄安娜号的微型计算机——像火柴盒那么大，作用却相当于一千名数学家——用一秒钟时间计算解题，然后闪现了答案。他必须打开3号和4号操纵仪表板，直到太阳帆额外倾斜20°，然后光线压力即将把他推出游丝号的危险的阴影，送回到太阳风之中。遗憾的是，这不得不干扰精心计划用以最快速航行的自动驾驶仪的工作，但这毕竟是他来到这里的原因，亦是使太阳帆船航行成为一种游戏，而不是成为计算机战的缘由。

1号至6号控制线路已失灵，在它们失去拉力的瞬息间，使太阳帆像困倦的蛇一样放慢了波动。在两英里之外，三角形仪表板开始慢慢吞吞地打开，使阳光倾泻进太阳帆里。然而，很长时间没出现什么变化。在这个运动缓慢的世界里，一个动作的效果要数分钟后才能看得见，让人们适应这种情况真是太难啦！然后，默顿看见太阳帆的确在朝着太阳跷起，游丝号的阴影使它未受损害地滑过去，它那锥形黑影消失在宇宙更加幽黑的茫茫夜里。

在那阴影还未曾消失，圆盘形太阳尚未变明亮之前，默顿早已把倾斜校正过来，使狄安娜号重新进入了轨道。它获得的新动量将推动它摆脱危险。他无须过度校正，不能因为躲避太远而扰乱他的计算。这是又一条难以掌握的法则。就在你刚刚使某种东西在宇宙中开始运动之时，已是该考虑使它停止的时候了。

他重新定好警钟，准备好应付下一次自然的或人为的紧急情况，或许是游丝号，也可能是其他比赛者中的某一个，又来尝试这种同样的伎俩。同时，到了该吃饭的时候，虽然他并不感觉非常饿。人在宇宙里体力消耗极小，容易忘掉食物。容易忘掉，但也危险。因为一旦出现紧急情况，就可能没有应急需要的精力了。

他打开第一个饭袋看看，丝毫引不起他的热情。标签上的名字——宇宙佳肴，就足以使他厌恶，况且，他对印在下面的保证还持极大怀疑。保险无面包屑！据说，面包屑对宇宙飞行器比陨石还要危险。面包屑可能飘进最要害的部位，引起短路，堵塞关键的射流，进入气封的仪表。

尽管如此，碎肝制成的红肠，以及巧克力和凤梨酱等，都愉快地吃下肚里。正当塑料制的咖啡罐在电炉上加热时，外界的声音突然打破了他的寂寞。指挥官的发射装置上的无线电报务员在向他呼叫。

"是默顿博士吗？假如你能抽出时间，杰里米·布莱尔希望与你说几句话。"布莱尔是较认真负责的新闻评论员之一，并且默顿曾多次上过他的节目。他当然可以拒绝接谈，但他喜欢布莱尔，在此刻又不好强说自己太忙。"我可以谈谈。"他回答说。

"喂，默顿博士，"评论员直截了当地说，"我很高兴你能抽出几分钟时间。祝贺你——看来你是一路领先！"

"在比赛中做出那样的肯定，为时尚早。"默顿谨慎地回答说。

"博士，请告诉我——你为什么决定你自己来驾驶狄安娜号？只是因为以前从来未曾这样做过吗？"

"噢，这难道不是一个极好的理由吗？但这当然不是唯一的理由。"他停顿一下，仔细地选择着用词，"你知道，重量对于太阳飞船是多么关键！换一个人，带上他的全部补给品，就意味着再加重 500 磅。那对成功和失败可是举足轻重的重量。"

"你有把握能单独驾驶狄安娜号吗？"

"由于有我设计的自动控制系统，我是相当有把握的。我的主要任务，就是进行监督和做出决断。"

"但是——两平方英里之大的太阳帆呀！由一个人来对付全部情况，看来是不可能的。"

默顿大笑起来。

"为什么不可能呢？两平方英里的帆最多只产生 10 磅的推力，我用小手指就能产生比它大的力。"

"好啦，博士，谢谢你。祝你顺利！"

评论员停止谈话后，默顿自感有几分羞愧，因为他的回答只有一部分是实情，并且他确信布莱尔十分机敏，是足以听出来的。

其实，他只身来到宇宙只有一个理由。几乎 40 年来，他同若干个几百人或几千人的小组一道工作，帮助设计地球上见所未见的最复杂的飞行器。近 20 年来，他曾领导其中的一个小组，观看过他创造的飞船直上星际（但也曾有过他永远不会忘却的失败，即使过错不在他）。他在事业上获得成功，名声显赫，然而他却未曾做过什么，只不过是这支队伍中的一员而已。

这是他获得个人成就的最后机会，谁也不会来同他分享这一成就。至少在 5 年内，不会再有太阳帆船航行。因为太阳的平静时期已经结束，辐射流冲破了太阳系，恶劣天气周期又开始了。待到这种轻薄脆弱毫无防护的帆船又可安全地进行太空冒险时，他恐怕已老朽不堪了。如果他确实不太老的话……

他把空饭袋丢进废品堆，再一次转向潜望镜。起初，只能看见 5 只飞船，投标器号无影无踪了。他花了好几分钟才确定出投标器号的位置，它成了一个昏暗的不见星光的幽灵，完全罩在列别捷夫号的阴影之中。他可以想象，澳大利西亚人正在发疯地做着努力要把自己解脱出来；他又感到纳闷，他们究竟是怎样落入圈套的。这说明列别捷夫号异乎寻常地机动灵活。尽管此刻它离得很远，威胁不到狄安娜号，但必须监视着它。

现在地球几乎消失不见了，它渐渐暗淡下来，变成了一个发光的狭窄的弓形物，平稳地向太阳移动着。在那燃烧着的弓形物里，带着昏暗轮廓的是这颗行星夜晚的一面，透过云朵的缝隙可以看到大城市发出的磷光闪耀其间。圆盘形的黑影已经挡住了银河的大部分，几分钟内就要开始蚕食太阳了。

光线在渐渐消失。当狄安娜号静悄悄地滑进地球的阴影时，紫红色的晚霞——数千英里之下无数落日的光辉——正经过太阳帆而渐渐消失。太阳垂直落在不可见地平线之下。几分钟内，夜幕降临了。

默顿回头看看已经走过1/4的绕地球的轨道。其他飞船也进入短暂的夜晚时，他看着它们像亮晶晶的星星一样一个个熄灭。一个小时后太阳才能从巨大的黑罩中浮现出来。在这一小时中，他们将束手无策，做无动力滑行。

他打开外聚光灯，用光束测试在黑暗中的太阳帆。已经有大量的薄膜开始皱起变得松软，悬索正在放松，必须卷入，以免缠在一起。但这一切都在意料之中，都在按计划进行。

在40英里之后，蜘蛛号和圣玛利亚号并不怎么幸运。无线电接通紧急线路后，默顿知道了他们的困境。

"2号，6号。我是控制台。你们在对着面航行，65分钟后，你们的轨道就要交叉在一起！你们需要帮助吗？"

两位船长在品味这不幸的消息时，好长一会儿没人作声。默顿想知道究竟怪谁，也许一只飞船企图用阴影罩住另一只飞船，但在完成机动操纵之前，它们都陷入了黑暗之中。他们谁都无能为力，他们慢慢地但不可阻挡地要相撞，要改变一度航向也是不可能的。

65 分钟！然而，随着他们从地球的阴影后出来，那正好把他们带出黑暗，进入阳光里。如果他们的帆能获取足够的动力来避免碰撞，还是有微小的希望的。在蜘蛛号和圣玛利亚号上，一定疯狂地进行着计算。

蜘蛛号首先做出答复，他的回答正如默顿所料想。

"6 号呼叫控制台。我们不需要帮助，谢谢。我们自己会想出办法的。"

默顿甚感迷惑不解，但至少看一看是有趣的。比赛的第一出好戏正在开台——确切地说，是在熟睡的地球的高高夜空里开台的。

在下一个小时里，默顿自己的太阳帆使他忙得不可开交，无暇为蜘蛛号和圣玛利亚号而忧心了。那里暗中的 5 千平方英尺的模模糊糊的塑料薄膜，只用聚光灯的狭窄光线和遥远的月光来照明，很难保持良好的观察。从现在起，在几乎绕地球一半的轨道上，他必须使幅度广大的太阳帆以边缘对着太阳。在以后的 12 或 14 个小时当中，太阳帆将成为无用的累赘，因为它将向着太阳飞去，并且太阳射线将把它沿轨道向后推去。遗憾的是他无法把帆全部卷起，直到他准备再启用时才展开，但还没有人发现这样做的切实可行的办法。

在遥远的下方，地球的边缘已经出现黎明的曙色。10 分钟后，太阳将从晦暗中现出，阳光照射在帆上，惯性滑行的飞船将重新获得生命力。对于蜘蛛号和圣玛利亚号，那将是危机的时刻——事实上，对每一个帆船都是危机的时刻。

默顿转动潜望镜，终于发现两个黑影在群星中飘移着，它们彼此非常接近，也许相距不到 3 分钟的航程。他判断，它们也许能刚好保持这个距离……

当太阳跃出太平洋时，黎明像爆炸一样在地球的边缘闪闪发光，太阳帆和悬索都抹上一层绯红，而后变成金黄，接着便放射出白昼的炽热的火焰。测力计的指针开始从零位升起，但只是刚刚升起。狄安娜号几乎还完全处于失重状态，因为尽管它的帆指向太阳，它的加速度也只是一个重力的百万分之几。

但是，蜘蛛号和圣玛利亚号尽力张起所有的风帆，绝望地挣扎着要保持距离。当他们之间只有不到两英里的距离时，由于它们初步感到太阳射线的轻轻推力，那闪闪发光的云片似的塑料薄膜正拼命挣扎着慢慢地展开扬起。在地球上每一个电视荧光屏上，都上演着这出长戏，但甚至在现在这最后 1 分钟，也不可能知道结局如何。

两位船长都很固执，谁都可以停住自己的风帆，落在后面而把机会让给别人，但谁都不愿这样做，因为太多的名誉、声望和金钱正处于得失攸关之际。所以，蜘蛛号和圣玛利亚号像冬夜静悄悄、轻悠悠地飘落的雪花一样，撞在一起了。方形的风筝几乎是令人无法察觉地爬进了环形的蜘蛛网，悬索的长长系带以梦境般的慢速度交织缠绕在一起。甚至在狄安娜号上的默顿，虽然忙着观察自己的悬索，也目不转睛地看着这寂静无声、延续很长的灾难。

10多分钟了，巨浪般翻腾着的光彩夺目的"云朵"继续汇聚在一起，成为难解难分的一堆。然后，乘员从密封舱挣脱出来，各走各的路，相距几百码远。救险装置拖着火箭摇曳着的火舌，匆匆赶来把他们救走了。

默顿想道，只剩下我们5个了。他为在比赛刚刚开始几个小时后，就互相如此彻底消灭掉的船长们感到遗憾，但他们都是年轻人，还会再有机会。

几分钟内，5个中剩下了4个。默顿从一开始就对缓慢旋转着的阳光号持有怀疑。现在他看见他们受到了惩罚。

玛尔斯人的帆船，已无法正常抢风转变航向，它的自旋使它过于稳定。它的巨大的环形帆正面对着太阳，而不是侧面朝着太阳。它正被沿轨道向后吹去，加速度差不多达到了顶点。

对船长来说，这也许是最令人烦恼的事情，甚至比碰撞还要糟糕，他只能怪罪他自己。但是没有人对这些受挫折的殖民地人抱更多的同情。因为他们落在后面，慢慢地变得越来越小。他们在比赛前说了太多目空一切的大话，发生的这些事情是对他们最理想的惩罚。

但是，要把阳光号彻底除名是不行的。几乎还有50万英里的航程，它或许还能赶上来。的确，如果再出现几个减员，它可能是唯一完成比赛的一个，这在以前曾发生过。

然后，在以后的12个小时中，由于地球在空中从新月到满月般地逐渐变大，一切平静无事。飞船队在无动力的一半轨道上飘移时，几乎无事可做，但默顿并不感到沉闷无聊。他睡了几个小时的觉，吃了两次饭，写了航行记录，并且接谈了几次无线电通话。有时，虽然

89

次数不多，还同其他船长谈谈，互致问候和友好的奚落。但多数时间他是在失重的松弛状态中满意地飘移着，对地球上的事无所忧虑，这比他多年来的处境要愉快得多。他——和任何在宇宙中的其他人一样，成为自己命运的主人，驾驶着他倾注了如此之多的技能和如此深厚的爱的飞船，以至于这飞船成了他的生命的一部分。

当他们经过地球和太阳之间的航线刚刚开始有动力的一半轨道时，发生了又一次减员。

默顿在狄安娜号上看到，巨大的风帆在跷起采集作为动力的射线时绷得很紧，加速度开始从微重力向上升高，尽管需要几小时才能达到最大值。游丝号却永远也达不到最大速度。动力开始恢复的时刻总是非常关键的时刻，但它却未能幸存下来。

是无线电评论员布莱尔的声音——默顿一直控制在很低的音量上——使他注意到了这个消息。"喂，游丝号，你在扭动！"他匆忙抓起潜望镜，但起初看不出游丝号巨大圆盘形的太阳帆有什么差错。因为游丝号以侧面与他相对，只呈细窄的椭圆形，所以很难发现问题，但不久他便看到游丝号在缓慢而不可阻挡的震荡中前后扭动着。如果乘员们不能适时轻微拉动悬索以抑制住这种波动，太阳帆就要被撕扯成碎片。

他们竭尽努力，20分钟后，看来好像成功了。然后，在接近太阳帆中心的地方，塑料薄膜开始撕裂，并在光线压力的作用下慢慢向外发展，宛如火中升起的烟盘旋上升着。15分钟后，除了支撑大网的辐射状帆桁的纤细的窗花格，一无所剩。又一次出现了火箭摇曳着的火舌，一个救险装置赶来收回游丝号的密封舱，搭救它的沮丧的乘员组。

"在这里感到相当寂寞，是不是？"一个声音在船对船的无线电中说。

"你并不寂寞，迪米特里！"默顿反驳道，"你落在后面还有旅伴，只有我在前面是感到孤独的。"这并不是毫无根据的大话。此刻，狄安娜号超出第2名对手300英里，在未来的几小时中，他的领先地位还将稳步地加强。

列别捷夫号上的迪米特里·马科夫和善地轻轻一笑。默顿想，听他的声音根本不像一个甘心失败的人。

"请不要忘记乌龟和兔子赛跑的故事。"这个俄国人回答说，"在下一个1/4的100万英里的航程中，还可能大爆冷门呢！"

但事情的发生比那要快得多。因为他们完成绕地球一圈后，正在经过几千英里的高空的出发线时，太阳的射线给了他们额外的能量。默顿仔细地观察一下其他飞船，并把数据加入了计算机。计算机关于投标4号的答案是这样荒唐可笑，以至于他立即进行了重新检查。

毫无疑问，澳大利西亚人正以发疯的速度追赶上来。没有太阳飞船可能具有这样的速度，除非……

通过潜望镜迅速一看，便找到了答案。投标4号的悬索剪修到最小重量，让了方便之路。只有他的帆还保持原状，它像一块手帕随风飘动，从后面全速追赶而来。两小时后，它飘然而过，超过了近20英里。但没有多久，澳大利西亚人便加入了指挥官救险装置中的不断增加的人群。

所以，现在是狄安娜号和列别捷夫号间的直接对抗，因为尽管玛尔斯人还没认输，但他们落后1000英里，不再构成严重威胁。根据这个情况，还很难看出列别捷夫号要采取什么措施来超过狄安娜号的领先地位。但是在第二圈的全部航程中，再次经历黑暗，背向太阳长时间而缓慢地飘动，默顿感到越来越不安。

他很了解俄国的驾驶员和设计师们。20年来，他们一直努力要赢得这次比赛，并且只有他们赢得这次比赛，才毕竟是公正合理的。因为追溯到20世纪初叶，难道不是 P. N. 列别捷夫第一个发现阳光压力的吗？但是他们从来未曾成功过。

并且，他们永远不会停止努力。迪米特里正忙于努力，一定会一鸣惊人。

在比赛飞船之后1000英里，官方救险发射装置上的指挥官范·斯特拉顿愤怒而沮丧地注视着无线射线照片。这照片从高悬在太阳炽热表面的太阳观察站上，旅行了1000多万英里，带来了最坏的消息。

指挥官——他的头衔当然无上光荣，在地球上是哈佛大学天体物理学教授——已预料到了事情的一半。以前从来没有把比赛安排在这样晚的季节里，耽搁得太多了。他们打了赌，现在看来都可能要输。

在太阳表面的深处，正集聚着巨大的力量。相当100万颗氢弹的能量，随时都可能突然发生使人畏惧的爆炸，即出现人们所知的太阳光斑。一个比地球大许多倍但看不见的火球将从太阳一跃而起，以每小时数百万英里的速度上升，冲向宇宙。

带电气体的云雾有可能完全错过地球，但是假如不能错过，只要一天就能扑上地球。宇宙飞船可以用屏蔽罩和强大的磁屏保护自己，但轻型结构的太阳飞船，帆像纸一样薄，对这种威胁没有丝毫防护能力。乘员组将不得不被接走，比赛将不得不被放弃。

约翰·默顿驾驶狄安娜号第二次绕地球航行时，对这些还一无所知。如果一切顺利，他和俄国人都将还有最后一圈。他们从太阳的射线中获得能量，盘旋上升了数千英里。在这一圈，他们将完全躲避开地球，登上飞往月球的遥远航程。现在是直线比赛了。阳光号的乘员组在与他们自旋的太阳帆勇敢地奋斗了 10 万英里后，筋疲力尽，终于拉开了距离。

默顿丝毫不感觉疲倦，他吃得好，睡得香。狄安娜号飞行得极好。自动驾驶仪像繁忙的小蜘蛛似的，紧拉着悬索，比任何一个人类船长都能更精确地调整巨大的帆向着太阳。这时，两平方英里的塑料薄膜虽然被千百个微小陨石击打得满是洞孔，但针头大小的刺孔并未引起推力的下降。

他只有两种担心。第一是担心 8 号悬索，它已不能适当调整。卷盘没有任何警报就卡住了，就是从事了这么多年的宁航设计之后，也难免有轴承在真空中失灵的现象。他既不能放长也不能缩短这条悬索，将必须用其他悬索尽力做最佳航行。幸好最困难的机动航行已经过去。从现在起，狄安娜号将背向太阳，一直顺着太阳风而飘游。正如古代的航海家所说，顺风驶船容易。

第二是担心列别捷夫号，它正在 300 英里之后尾随着他。俄国人的飞船由于有可围绕中心帆而倾斜跷起的 4 块巨大翼板，显示出了极大的机动灵活性。当它绕地球时进行的所有倒转飞行，都是以极高的精确度进行的。但要获得机动性，就必须牺牲速度，不可能兼而得之。在前面的直线而漫长的迎风行驶中，默顿是能够坚持住的。但是，在从现在起的三四天内，狄安娜号从遥远的月球一侧闪过之前，他对胜利还毫无把握。

然后，在比赛的第50个小时，接近绕地球第二圈末尾时，马科夫使他略吃一惊。

"喂，约翰，"他通过船对船的无线电，漫不经心地说，"我倒想让你看看这个，它会引起你的兴趣！"

默顿回到潜望镜旁，把放大率调到最大限度。在视野里，出现了一种罕见的奇观，列别捷夫号的马耳他十字在群星中闪闪发光，闪光虽小但清晰可见。然后，正当他观看时，十字的4只臂与中心方形帆分离开，带着帆桁和悬索飘然而去，进入宇宙空间。

马科夫投弃了一切不必要的东西，这样一来，他在每一条线路上都获得动量，很快达到第二宇宙速度，不再需要缓慢而耐心地去环绕地球了。从现在开始，列别捷夫号几乎是无法控制了，但这并不要紧，它马上要进行特技航行了。这有如古时候驾驶快艇的人故意扔掉舵和沉重的龙骨，因为他知道剩下的比赛是一路顺风，在平静的海面上进行了。

"祝贺你，迪米特里！"默顿通过无线电说，"这一招玩得挺利索，但并不够漂亮——你现在赶不上啦！"

"我还没做完呢！"俄国人回答说，"在我国流传着一个古老的故事。冬天，一个雪橇被一群狼追赶着，驾雪橇的人为了活命，不得不把乘客一个一个地丢下去。你能理解这故事与我们的相似之处吗？"

默顿理解得再清楚不过了。在这最后的直线一圈中，迪米特里不再需要副手，列别捷夫号实在可以轻装决赛了。

"你这样做，亚历克西斯是会很不高兴的。"默顿回答说，"此外，这也违反规则。"

"亚历克西斯是不高兴，但我是船长。他只需等10多分钟指挥官就来把他救走了。同时，规则对乘员组的人数没有明确说法，这你是应该知道的。"

默顿没有回答他。他以他所掌握的关于列别捷夫号的设计情况为基础，匆忙地做着计算。做完计算后，他意识到比赛的胜负仍难做定论。列别捷夫号将正好在他期待的通过月球的时刻赶上他。

但是，比赛的结果于9200万英里之外，已经在裁决之中了。

在水星轨道深处的3号太阳观察台上，自动仪器记录下了太阳光斑的全部演变过程。1亿平方英里的太阳表面突然狂暴地爆炸开来，相比之下，这个圆盘的其余部分显得黯淡无光。在这个沸腾恐怖的景象之外，巨大光斑的带电等离子体就像一个有生命之物处在它所创造的磁场之中，盘旋翻转地升腾着。在它的前面，是紫外线和X射线以光速发出报警的闪光。这些光线在8分钟内到达地球，然而是相对无害的。否则，以每小时4万英里的从容不迫的速度在后面接踵而来的带电原子，只要一天就能将狄安娜号、列别捷夫号及与他们结伴同行的小小船队吞没在致命的放射性云雾之中。

指挥官直到最后1分钟才做出决断。甚至在待到等离子体射流经过了金星轨道后，这射流或许还有错过地球的可能。但是，如果不到4小时的距离内，并且月球上的雷达网已经测知了射流，他知道那就毫无希望了。直到太阳再次平静下来以前，五六年内所有太阳帆船的航行都必须停止。

一种巨大的失望的叹息掠过太阳系。狄安娜号和列别捷夫号正齐头并进在地球到月球的旅途中间，现在还很难说哪只船更好些。那些比赛迷们将对比赛结果争论多年，但历史却将只记载：因为日暴，比赛取消。

约翰·默顿接到命令时，感到一种自童年以来从未尝到过的痛苦。越过流逝的岁月，他痛苦而清晰地回忆起他 10 岁的生日，他曾指望给他一个盛名一时的晨星号宇宙飞船的比例精确的模型，并且几个星期都在设想如何组装它及挂在房间里的什么位置上。可是，到了最后时刻，他爸爸却带来了坏消息："约翰，很对不起……花钱太多，或许明年……"

经过半个世纪和成功的一生以后，他又成了痛断肝肠的伤心的孩子。

他曾在片刻问考虑过不服从指挥官的命令。假设继续航行，不理睬他的警告，会怎么样呢？即使比赛取消了，他还可以横越太空，到达月球，这将千秋万代永载史册啊！

但是，没有比这更愚蠢的啦！这就是自杀，而且是一种非常不愉快的自杀。他曾见过飞船在宇宙的深处磁屏蔽失灵，人死于放射性毒害的情景。不，那不值得……

他为迪米特里·马科夫，也为他自己感到遗憾。他们俩都应该赢得比赛，而今胜利将不属于任何人。由于太阳处于一种愤怒之中，即或能凭借它的光线到达宇宙的边缘，也没有人能够争胜负了。

在 50 英里之后，指挥官的救险装置正接近列别捷夫号，准备救出它的船长。迪米特里怀着他也要一同离去的心情切断了悬索，银色的太阳帆飞走了。轻巧的密封舱将带回地球也许再度使用，但太阳帆却只能展开用作一次航行。

他可以按一下投弃按键，给他的营救节省几分钟时间，但他不能这样做，他想要在长期以来成为他的梦想和生命的一部分的小船上逗留到最后一刻。巨大的太阳帆张开着，以正确的角度对着太阳，产生最大的推力。狄安娜号载着他脱离开地球引力已有良久，可现在它还在增加着速度。

尽管一无所获，但毫不犹豫，他知道必须做什么。他最后一次坐在帮助他飞行完到月球的一半航程的计算机前。

他完成这一切后，便收拾航行记录和几件私人物品。他笨手笨脚地爬进紧急救生衣，因为他活动不方便，并且一个人自己穿这种衣服也确实不容易。

正当他要戴严防护帽时，指挥官的声音突然在无线电里呼叫他："船长，我们 5 分钟就赶上你了，请断索放帆，这样我们就不会撞上它了。"

约翰·默顿——狄安娜号太阳飞船的第一个和最后一个船长踌躇了片刻。他最后环视一次这个小小的座舱，里面闪闪发光的仪器和井然有序的控制系统都固定在最终的位置上。然后，他对着麦克风说："我马上离开飞船，请及时搭救。不用管狄安娜号！"

指挥官没有回话，为这一点他很感激。范·斯特拉顿教授肯定会猜测到是怎么回事，并知道在这最后的时刻他希望让他独自无忧。

他没有操心去排尽密封舱的气体，冲出的气体把他轻轻地吹进了宇宙。他给予狄安娜号的推力是他最后的礼物。狄安娜号离开了他，变得越来越小，太阳帆在阳光中闪射着光辉，这阳光将千百年为它所有。两天后，它将经过月球，但月球和地球一样，永远无法截住它。假如它的重量不能使它放慢，它的航行时速将每天增加 2000 英里。一个月后，它将比任何人造飞船都要飞得快。

随着距离的增大，太阳光线减弱了，它的加速度也要下降。但是，即或在火星的轨道上，它的时速也要每天增加 1000 英里。在那时以前，它早就运动得非常之快了，太阳将无法控制住它。它比任何从群星中飞驰而来的彗星都要快，将一直冲进深不可测的宇宙之中。

仅几英里之外的火箭摇曳着的火吞映人了默顿的眼帘。救险装置正以比狄安娜号快千百倍的速度赶上来救他。但是，发动机只能转动几分钟，燃料就要消耗殆尽，而狄安娜号却将继续增加速度，被太阳永恒的火焰推向茫茫太空，永存悠悠青史。

"再见吧，我的飞船！"约翰·默顿说，"我真想知道，从现在起多少千年之后，会有什么样的眼睛注视着你？"

救险装置上的鱼雷小车慢慢地伸到他的身边时，他终于平静下来了。他永远不能赢得飞往月球的比赛了，但他的帆船却将是飞往星际的漫长航程上的第一艘人造太阳帆船。

6. 奔向新城

太阳正在从他们的背后升起。

"我想我们最好下山去找其他神父，告诉他们这些情况，把他们带到这儿来。"伯尔格林神父说。

太阳爬上了中天，他们踏上返回火箭的道路。

伯尔格林神父在黑板的中间画了一个圆圈。

"这是救世主，上帝的儿子。"

他假装听不见其他神父急剧的吸气声。

"这是救世主，上帝的光荣。"他继续说。

"这看起来像是个几何问题。"斯通神父评论道。

"这是个很好的比喻，因为我们这里说的是象征问题。你必须承认，不论用圆圈表示还是用方块表示，救世主永远是救世主，几百年来，十字架一直象征着他的慈爱和悲痛。所以，这个圆圈就是火星人的救世主的象征，这就是我们要把救世主带到火星上来的方式。

神父们一阵骚动，面面相觑。

"马赛厄斯兄弟，你去用玻璃做一个这样的圆圈来，它象征一个充满火光的球体，将来好放在圣坛上。"

"这只不过是个不值钱的小魔术。"斯通神父咕哝着说。

伯尔格林神父继续耐心地说："恰恰相反，我们要给他们带来一个可以理解的上帝的形象，如果在地球上，如果救世主像一个章鱼似地出现在我们的面前，我们会马上承认他吗？"他伸开双手，"通过耶稣，以人的形状把救世主带给我们，这难道是上帝的不值钱的魔术吗？当我们把在这里造的教堂及这里面的圣坛和这种圆的圣像都神化之后，难道你认为救世主不会接受我们面前的这个形象吗？你们心里明白，他会接受的。"

"但是是一个没有灵魂的动物躯体！"马赛厄斯兄弟说。

"这个问题我们已经讲过了。自从今天早晨回来,已讲过好多遍了,马赛厄斯兄弟。这些生物从山崩中救了我们。他们意识到自杀是有罪的,所以一次又一次地阻止此事发生。因此,我们必须在这些山上修建一座教堂,和他们一起生活,发现他们自己独特的犯罪方式——外星人的方式,并帮助他们认识上帝。"

神父们看起来对前景并不满意。

"是不是因为他们看起来很古怪?"伯尔格林神父有些惊奇,"但是形状是什么?只不过是上天赐给我们大家装智慧灵魂的一种杯子。假如明天我突然发现海狮有自由的意志、才智,知道什么时候不犯罪、知道什么是生活,并且恩威兼施,热爱生活,那么我就会修建一座海底大教堂。同样,如果麻雀哪天凭着上帝的意志奇迹般地获得永生的灵魂,我就用氢气运来一座教堂,并且照他们的样子建造圣像;因为所有的灵魂,不管是什么形式,只要有自由的意志,知道他们的罪孽,就会在地狱里受罪,因为它只不过是我眼里一个球体而已。当我闭上眼睛,它就出现在我的面前,那是一种智慧,一种爱,一种灵魂——我不能否认它。"

"但是那个玻璃是希望放在祭坛上的。"斯通神父反对说。

"想想中国人,"伯尔格林神父冷静地回答,"中国的基督教徒信仰什么样的救世主?自然是东方的救世主。你们大家都看过东方耶稣诞生的情景。救世主穿的什么样的衣服?穿着东方的长袍。他在哪生活?在中国的竹丛树林,在烟雾缭绕的山上。他的眼睑细长,颚骨突出。每个国家、民族都给我们的上帝增加了些东西,这使我想起瓜德罗普圣母,整个墨西哥都爱她。爱她的皮肤吗?你们是否注意到她的画像？她的皮肤是黑的，和她的崇拜者一样，这是亵渎神明吗？根本不是，人们应该接受另一种与他们不同颜色的上帝是不符合逻辑的，不管他是多么真实。我经常想，为什么我们的传教士在非洲做得很好，虽然救世主肤色雪白。也许因为对非洲的部族来说，白色是一种神圣颜色。随着时间的推移，救世主在那儿难道不也可能变黑吗？形式无关紧要，内容才是根本的东西。我们不能期望这些火星人去接受外来的形式，我们要按照他们自己的形象把救世主带给他们。"

"在你的推论中也有不足之处，神父，"斯通神父说，"难道火星人不会怀疑我们伪善吗？他们会认识到，我们不崇拜一个圆形球体的救助，而是崇拜一个有着躯体和脑袋的人。我们怎么来解释这种区别呢？"

"向他们说明没有差别。救世主会拯救任何信奉他的人。不管是肉体还是球体，——他都存在着；每个人都要崇拜他，当然存在的方式各异。此外，我们必须信任这个我们称之为火星人的球体。我们必须信任一种形式，尽管其外表对我们来说毫无意义。这个球体是救世主的象征。并且我们必须记住，对这些火星人来说，我们自己和我们地球上救世主的形状是没有意义的，是荒唐的，是一种物质上的浪费。"

伯尔格林神父把粉笔放在一边。"现在让我们进山去建造我们的教堂吧。"

神父们开始整理他们的行装。

这个教堂并不是一个真正的教堂，而是在一座矮矮的山上，开辟出一块没有石头的高地，把高地上的土弄平，打扫干净，再修建一个祭坛，然后把马赛厄斯兄弟做的火球放在上面。

工作了六天，"教堂"建成了。

"这东西怎么办呢？"斯通神父轻轻地敲着带来的一个铁钟，"这个钟对他们有什么意义呢？"

"我想带它来是为了自我安慰。"伯尔格林神父承认道，"我们要随便些。这个教堂看起来不大像教堂。在这里确实有点可笑——我也有同感；因为改变另一个世界的人对我们来说也是生疏的事情。我总感到像一个滑稽演员，所以我就向上帝祈祷赐给我力量。"

"许多神父感到不愉快，有些还对此开玩笑，伯尔格林神父。"

"我知道。不管怎么样，为安慰他们，我们要把这个钟放在一个小塔上。"

"风琴怎么办呢？"

"明天第一次礼拜式上我们演奏。"

"然而，火星人——"

"我知道，可是，为了自我安慰，我想还是用自己的乐器，以后我们可以找到他们的乐器。"

礼拜天早晨他们起得很早，一个个像面色苍白的幽灵在严寒中走着。衣服上的白霜叮叮作响，宛如全身都发出和谐的钟声，银白色的水珠摇落在地上。

"我不知道这火星上今天是否是礼拜天？"伯尔格林神父沉思着。但看到神父们畏缩不前，他赶紧走上去。"今天也许是礼拜二或礼拜四——谁说得清呢？但没关系，我在瞎想。对我们来说今天是礼拜天。来吧。"

神父们走进平坦宽阔的"教堂"，跪在地上，冻得浑身发抖，嘴唇发紫。

伯尔格林神父祈祷了一会儿，接着把冰凉的手指放在风琴的键上。音乐像美丽的鸟儿飞翔。他按动着琴键，像一个人在荒原的杂草间移动着双手，把美好的东西掠起，飞入山中。

神父们等待着。

"喂，伯尔格林神父，"斯通神父仰望着寂静的天空，太阳冉冉升起，红如炉火。"我没有看到我们的朋友。"

"让我再试一次。"伯尔格林神父出汗了。

他建起一座巴赫式的建筑，精致的石头堆起一个音乐大教堂。它如此宽大，以致最远的圣坛设在尼奈夫神那里，最远的穹顶高到圣·彼德的左手。乐声缭绕，似乎奏完之后也没有消失，而且在随着一缕缕白云向远处飘去。

天空依然空空荡荡。

"他们一定会来的！"但伯尔格林神父的表情有点惊慌，起初不明显，但越来越厉害。"我们祈祷吧，请他们到来，他们懂得我们的愿望，他们知道。"

神父们又跪在地上，战战兢兢，低声祈祷。

礼拜天早晨七点钟，或许在火星上是礼拜四早晨，或许是礼拜一早晨，从东方的冰山里出现了柔光闪闪的火球。

这些火球翩翩徘徊，徐徐下降，布满了颤抖着的神父们的周围。"谢谢你们；哦，谢谢你们，上帝。"伯尔格林神父紧紧地闭上眼睛，又奏起音乐来。演奏之际，他转过头去，注视那些令人惊奇的教徒。

　　一个声音在他的脑海里响了起来，这个声音说：

　　"我们已经来了一会儿了。"

　　"你们可以呆在这儿。"伯尔格林神父说。

　　"只呆一会儿，"这个声音轻轻地说。"我们是来告诉你一些事情的。我们本应该早点对你说。但我们设想如果没人管你，你会照自己的方式干下去的。"

　　伯尔格林神父开始说话，但这个声音却使他沉默下来。

　　"我们是造物主，"这个声音说道；好像蓝色的气体火焰，钻进他的身体，在胸中燃烧。"我们是古代的火星人，离开大理石船的城市，来到这山里，放弃了我们原来的物质生活。在很久以前我们就变成了现在这个样子的东西。我们也曾像你们一样，是有躯体、有胳膊、有腿的人。传说我们当中有一个人，一个好人，发现了一种解放人们灵魂和才智的方法，能解除人们肉体上的痛苦和精神上的悲伤，能解除死亡和形体变化，还能解除阴郁和衰老，这样，我们就采取闪光和蓝火的形式出现了。从那以后，我们一直居住在风里、天空和山中，既不得意也不傲慢，既不富有也不贫穷，既不热情也不冷淡。我们不和我们留的那些人——这个世界上另外那些人——住在一起。我们的来历已经忘却，整个过程全忘了。但我们将永远活着，也不损害别人。我们已摆脱了肉体上的罪孽，得到上帝的保佑。我们从不觊觎别人的财产，我们没有财产。我们不偷盗，不杀人，不好色，不怨恨。我们在幸福中生活。我们不能繁殖；我们不吃、不喝，不发动战争。当我们的躯体被抛弃时，我们摆脱了一切淫荡幼稚和肉体上的罪孽。我们已远离了罪恶，伯尔格林神父，它像秋天的树叶一样被烧掉了，像冬天令人讨厌的积雪一样被清除了，像春天有性生殖的红黄花朵一样凋谢了，像使人喘不过气来的酷热的夏夜一样过去了。我们的季节温和宜人，我们这地方思想丰富。"

伯尔格林神父站了起来，因为这声音使他异常激动，差一点使他失去理智。狂喜和热火在他的全身激荡！

"我们希望告诉你，我们感谢你们为我们修建的这个地方。但我们并不需要它，因为我们每个人对我们自己都是一个寺院。我们不需要任何地方来净化自己。请原谅我们没有早点到你这儿来，可是我们不在一起，而且离得很远，一万年来跟谁都没说过话，也没有过任何方式干涉过这个星球的生活。现在你认为我们是这田野上的百合花，既不耕田也不织布。你说得对。所以我们建议把你这教堂的各种部件搬到你们自己新的城市里，去那里把它们净化。你放心好了，我们彼此都和平相处，十分幸福。"

在一大片蓝光之中，神父们跪在地上，伯尔格林神父也跪在那儿，他们全部在哭泣。时间白白地流失，没有关系，对他们来说，毫无关系。

篮球咕哝着，一阵冷风吹来，又开始升起。

"我可以"——伯尔格林神父在喊道，他闭着眼睛，不敢发问，"我可以——某一天——我可以再来——我可以再来——再来这儿——向你们学习吗？"

蓝火闪闪发光。空气微微颤动。

是的，有一天他可能再来，会有那么一天。

接着火气球飘忽不见。伯尔格林神父像是个孩子一样，跪在地上，眼泪夺眶而出。他对自己喊道："回来！回来！"祖父随时会扶起他，把他带到早已不存在的俄亥俄州城内楼上的卧室里去……

日落时分，神父们从山上鱼贯而下。回头张望，伯尔格林神父看到蓝火在燃烧。"不，"他想，"我们不能为像你们这样的东西修建教堂。你们自己就十分美好。什么教堂能与这纯洁灵魂的焰火相比呢？"

斯通神父默默地在他旁边走着。他终于说："照我看来，在每个行星上都有上帝。他们都是主上帝的组成部分。他们就像一个数据的部位，某一天一定会组合在一起。这已是一番震惊的经历。我不再会怀疑了，伯尔格林神父，因为这儿的上帝和地球上的上帝一样真实，他们肩并肩地躺在一起。我们要到其他世界，增加上帝的组成部分，直到有一天，整个上帝站在我们面前，像新时代的曙光一样。"

"你说的真不少啊，斯通神父。"

"我现在有点感到遗憾。我们要到下面城里去管理我们自己的同类。现在那些蓝光，当它们在我们身边飘绕时，那声音……"斯通神父颤抖着。

伯尔格林神父伸手拉住斯通神父的胳膊，一起走着。

"你知道，"斯通神父最后说，眼睛盯着小心翼翼地抱着玻璃球走在前面的马赛厄斯兄弟，蓝色的磷火永远在里面闪闪发光。"你知道，伯尔格林神父，那里的火球——"

"什么？"

"这就是上帝，毕竟它代表上帝。"

伯尔格林神父微笑着，他们下了山，朝着新城的方向走去。

7. 异星探险

约翰·罗兰辛住在第 58 层的旅馆里。他站在窗边，鸟瞰着夜色中的基多城。

已近半夜，这时分，将有一大批火箭发射升空，罗兰辛希望能欣赏这景色，它是太阳系里相当出名的奇景之一。他付了双倍的价钱来租这间面对着太空港围墙的房间，尽管房租是由拉格兰治探索协会支付的，但他心里仍有点过意不去。

他的童年是在阿拉斯加一个偏远的农场中度过的，经过艰辛奋斗才读完大学。作为一个穷学生，能念完大学，取得学位，全是靠奖学金和勤工俭学才能完成的。接着就在月球天文台工作了多年，他从未这样奢侈过呢。不过，在要到太阳系以外无尽的黑暗中去探索之前，他倒要先看一次基多城太空港半夜的奇景才甘心，说不定他再也没有另一次能看它的机会了。

就在这时，电话铃轻轻地响了起来。

电话屏幕上现出一个面孔，这是个不易记得起来的面孔，圆滑丰满，狮子鼻，一头稀疏的灰发，身体似乎又矮又壮。

在月球城，每个人都是互相认识的，到地球来旅行并不多见，罗兰辛根本不认识这打电话来的陌生人。再说，他不习惯地心吸力和气候变化。他感到有些失落。

"是罗兰辛博士吗？我是爱德华·艾维尼，是政府人员，也同时是拉格兰治探索协会的人员，是两者之间的联络官。我将以心理学医生身份参加这次探险……"

他们约定一会儿见面，艾维尼把自己住的旅馆告诉了他，就挂断了电话。

这时，一阵低沉的隆隆声穿透房间，火箭发射啦！只见太空港的围墙好像地球的边缘，在灯光下一片黑色，一艘、两艘……十多支金属的长矛，带着火焰，发出雷鸣，腾空而起，月亮在城市的上空，好像一个寒冷的盾牌……不错，这奇景确是值得一看的。

罗兰辛乘上空中轿车，转瞬就来到了另一家旅馆。他来到要找的套间，在门口说了声"罗兰辛"，门就应声为他自动打开。他步入接待室，把具有内热设备的外衣脱下来交给机械人，接着就见到了艾维尼。

艾维尼个子的确很矮，罗兰辛跟他握手时，得低头来看他。他的年纪大约有罗兰辛的一倍。

寒暄之后，艾维尼把一位火星人介绍给罗兰辛，同船去特罗亚星探险。

这位火星人高大瘦削，轮廓粗犷，他的面孔棱角分明，鼻子和下巴突出，剪得很短的黑发下，是一对不好相处的黑眼睛。

"这位是贾普·唐敦，在新锡安大学任教，是个物理学家、辐射学和光学的专家。"

贾普·唐敦是很有才能的，是物理界的权威人士。在安排这次探险的人员时，对于唐敦反对的人，艾维尼都不得不做出让步。

　　唐敦走后，罗兰辛和艾维尼谈到了在他们之前的第一次特罗亚星探险。

　　在第一次探险中，探险队至今下落不明，这已是 7 年前的事了。关于这第二次探险，也准备有 5 年的时间了。

　　"准备工作出现了很多困难和差错，甚至还出现了破坏。"艾维尼说。

　　"破坏?!"罗兰辛吃惊地问了一声。

　　艾维尼道："只因为有一个人冒死坚守岗位，太空船'赫德逊'号才不至于完全损失掉。随着每次失败，公众对于向外星移民的思想越来越反感了……幸好协会的首脑，还有韩密敦船长和其他一些人，顽强地坚持下来。"

　　"谁搞破坏呢?"罗兰辛又问。

　　"不知道。这正是我们这次去探险打算弄个水落石出的问题。"

　　看来，是有人或者某些东西不希望人到达特罗亚星去，可这是谁呢?为什么这样呢?

　　我们能找到这个问题的答案吗?能把答案带回地球吗?第一艘探险船"达伽马"号，它的仪器装备跟这次一样精良，也跟这次一样载了人去，就没有回来。

　　不管怎样，"赫德逊"号还是出发了。

　　罗兰辛在细看着一份小册子，那上面写着："自从发明了超光速曲相飞行后，在很大范围内，星际之间的距离，已几乎变得没有意义了。飞过 10 万光年所需的时间和能量，并不比飞过 1 光年多多少。很自然的结果是，一旦探察了最近的几个星球之后，太阳系的探索者就开始对宇宙中最感兴趣的星球进行调查研究了。即使找寻一个跟地球相似的星球来移民的希望告吹，其收获，以科学知识来说，仍是很可观的……"

罗兰辛将小册子放下，叹了口气。他几乎可以把它背出来了。是的，太阳系挤满了70亿人口，正急于找寻出路去处。火星、水星和木星等几个星球都已经移民，但是耗费极大，付出的代价与收益相比较，实在是得不偿失。

"达伽马"号出发，离太阳系而去。两年后，人们彻底失望了，很少听到人们谈论新的星球了。人们越来越依赖这老迈疲乏的地球，把它当作他们唯一的家园和唯一的希望，永远这样过下去……

现在，太阳总算是落在他们后边20亿千米了，小得只像在雾霭中的一颗发亮的小星星，他们终于以超光速进入曲相的飞行。

无论从时间上，还是距离上，这次飞行都是相当漫长的。转眼一个月过去了，这只有在钟上看得出来，其他都没有任何变化，困在这没有时间观念的生活中，他们现在只有等待。船上共有50人，有太空人，也有科学家，他们都在消磨着这种空虚的时间，考虑着曲相结束时会遇到什么。

艾维尼和工程师凯玛尔正在下棋；地质学家迈克尔·菲南迪兹个子不高，皮肤棕黑，是很活泼的年轻人，正坐在那儿拨弄吉他；在他旁边是唐敦，正在看书。

罗兰辛走到凯玛尔身边，看他下棋，凯玛尔皮肤黝黑、矮胖粗壮、脸膛宽阔、鹰钩鼻子，性格鲁莽粗野，常常同执己见，但罗兰辛很喜欢他。

凯玛尔在艾维尼的步步紧逼下，整个战局走向危机。这时菲南迪兹又拨响了他那不熟练的刺耳的琴音，凯玛尔顿时火冒三丈，他俩争吵起来。这时，费德利克·冯·奥斯丹醉醺醺地走过来，也加入了这场"战斗"，他是作为主枪炮手加入这艘太空船的。唐敦也站在凯玛尔一边说话。罗兰辛和艾维尼的一切劝解都是无效的，最后导致凯玛尔和菲南迪兹拳脚相加，难解难分。

"你们在搞什么鬼呀？"

随着一声呵斥，韩密敦船长出现在大家面前。他是个身材高大的人，魁梧结实，神态稳重，有一头浓密的灰白的头发。他穿着一身蓝色的军便服，这个联盟的巡逻队的后备军人，整齐得一尘不染。他平常说话时低沉的的嗓音，已变成了军官式的怒吼，他环视着大家的目光，冷得像冰一般。

所有的人都安静了下来，威严的韩密敦船长一顿令人折服的训斥后，宣布对在场的人禁闭一天！

天空是一片令人难以置信的景象。

"赫德逊"号绕着特罗亚星，在 4 000 千米外的轨道上飞行。特罗亚星的伴星伊留姆星看去差不多 4 倍大于地球所看到的月球，它的边缘被稀薄的大气弄得模糊不清，死海床粗糙的遗迹使发蓝的球面斑斑驳驳。这是一个细小的星球，未老先衰，无处可供移民居住，但对于特罗亚星的人，却是一个易于到达而矿产丰富的星球。

特罗亚星在窗外巨大无比，充塞了近半个天空，你可以看到它上面的气流、云层和风暴，它的白昼与夜晚。冰雪掩盖了它表面的 *1/3*，是一片刺眼的白色，而刮风不息的海洋是一片蓝色。

特罗亚星在赤道地带呈现一片葱绿，由深绿色向南北两极慢慢变淡，化为棕色。湖泊和河流，像银丝一样密布其上。在两岸有着高大的山脉，巍峨高耸，若隐若现。

在太空船上，人们思索着、观察着、记录着，特罗亚星上的一切图景都记录在案了，可就是没有发现"达伽马"号的一点踪迹。大家进行着各种猜测，最后又都被一一否定了。

罗兰辛受命带领几个人绘制特罗亚星的地图，地图非常精确，各处都有命名。

罗兰辛知道，一个新的陌生星球，必须很小心谨慎地去接近它，不可操之过急。

四艘着陆船从"赫德逊"号飞下，向特罗亚星飞去，一行共40人，留下一批基干人员在太空船上，使其保持在它的轨道上运行。

着陆船降落在被命名为斯卡曼达河附近几千米远的地方，这是一个有着一些树丛点缀的宽阔草原。

化学家和生物学家把机械人放出船舱，取回空气、土壤、植物样本进行化验；把一笼猴子放置在船外一星期，这期间没一个人离船外出，船外的事情都由机械人来办。

机械人采来可食植物，这食物的味道是无法形容的，有点儿像姜，有点儿像肉桂味，也有点儿像大蒜。

有时，可以望见动物，大多数体形细小，在长长的草丛中走过；也偶尔有较大的四脚兽出没。

大家在着陆船上焦躁地等待了一个星期，在分析之后，得出结论：人类可以走出着陆船，踏上特罗亚星的土地。

韩密敦船长把太阳系联盟的旗帜插在了这片土地上。这里一片沸腾，打井建房，两天后，营地就建成了，各种必要设施一应俱全。

这里全天都是亮的，有青色的和白色的两颗日星照耀，也从那巨大的伴星的巨盾上反射过来光线，在高高的天上，众星燃烧着令人难以置信的光烁。

在这个星球上，有些植物是带毒素的，有两个人仅仅是走路时碰到了它们，就出了一身疹子。这里的所谓树木，都是些低矮结实的小树丛，用斧头很难把它们砍倒，须使用原子热能火焰喷射锯将它们锯掉，根据它们的年轮来看，已生长了好几个世纪了。

在这个星球上，狩猎是相当容易的，没有一种动物曾经见过人或猎枪，它们看见人竟好奇地走近来，结果就成了猎获物。

这个地方气候比较适宜人生存，也很宁静，只有风雨雷电的声响，遥远处传来一两声野兽的吼叫，天上有拍翼的声音，一种近似原始的氛围。

这个星球每天是 *36* 个小时。这样过了 *12* 天，接着外星人来了。

望远镜以顺时针方向转动，突然发现有形象在视野中活动。

冯·奥斯丹大叫一声："集合！"然后他拿起内部通信联络系统的话筒："所有人注意，在全部防御点候命。韩密敦船长在哪儿？请通话！"

"我在一号船头上，他们看来似是……智慧生物……是吧？"韩密敦马上就回了话。接着命令道："做好准备，火力要盖住他们！不过，没有我的命令，不准开火，甚至在他们向我们开火的时候。"

警报提高到一个新的调子：全体戒备！

难挨的一个钟头过去了，外星人正在向营地走来。

两群"人"对峙着。

那些外星人像人一样用两腿直立，不过微微向前倾，这样使他们 1.70 米多的高度降低了 10 多厘米，一条像袋鼠似的尾巴，保持着身体的平衡；他们的手臂相当瘦削，5 只手指呈对称状长着，每一只手指都比人类多一个关节；他们的头部是圆形的，有着两只长满簇毛的长耳朵，扁平的黑鼻子，突出的下巴，在黑色阔嘴嘴唇的口上有着颊须，一双金色的长长的眼睛。

他们穿着宽松的罩衫，脚上穿着松毛皮靴，腰间围着皮带，挂着两个小袋，一柄刀或斧头，还有一个大概是火药筒的东西，在他们背后背着细小的背囊，手中握着长筒状的东西，可能是滑膛枪。

他们其中的一个讲话了，那是带着很重喉音的呜呜的颤音。

韩密敦对同伴说："看他们的行动不像是个战斗的队伍……艾维尼，你是个语言专家，你能弄清他们讲的是什么吗？"

"不……还不能，"艾维尼这位心理学家满脸流汗，讲话也口吃起来，"他们……讲的是……独特的语言。"

罗兰辛觉得奇怪，艾维尼为什么这么紧张呢？

"他们的行动像……嗯，我也不知道像什么，"韩密敦说，"只有一点我敢肯定，他们显然并不把我们当成是从天而降的天神。"

菲南迪兹说："他们是从哪里来的呢？这个星球并没有城市，没有道路，甚至连一个村子都没有。"

韩密敦说："那正是我希望我们能搞清楚的事。艾维尼，你尽快弄懂他们的语言。冯·奥斯丹，在防卫哨部署好守卫，具体派人一个盯一个'陪'着这几个生物。"

外星人被留在一间简陋的小屋里居住，他们睡觉时，总有一个人醒着做守卫。他们似乎不喜欢跟人类混杂在一起，而用他们自己的器皿煮食。不过，他们一连好多天都跟随着艾维尼和罗兰辛，而且相当努力于交换语言。

那些外星人，自称为"罗尔万"。到底罗尔万是什么，谁也说不清，这也只是人类的喉咙可能发出的近似音罢了。不过，总算可以弄清楚他们的姓名了，有3个首先弄清的名字是：西尼斯、杨伏萨兰、阿拉士伏。

当然，要学懂一种外星人的语言是相当困难的，需要很大的耐心与毅力。艾维尼弄懂了一些动词和一些基本词汇，同时也分析出一整套的音素，但他却说没有搞清这些，一再为这种语言的难学而叫苦不迭。罗兰辛向他索要这种语言的资料，他给罗兰辛的，也是更改过的抄本。

艾维尼在研究外星人的语言，其他人在无所事事地干等着。终于有一天，韩密敦船长把罗兰辛、唐敦、凯玛尔、菲南迪兹和冯·奥斯丹召集起来，听艾维尼的报告。

艾维尼说他对罗尔万语言做了点研究，但所获甚微。不过，在今天他弄清了一件事，罗尔万人要回老家去，并且拒绝用飞行车送，他们坚持步行，尽管要走4个星期的路程。罗尔万人对我们在空中跟踪他们的事很不高兴，但并不反对一些人陪同他们步行同往。

艾维尼没弄清罗尔万语，但却把这件事弄得清清楚楚。

冯·奥斯丹脸涨得通红："这是圈套！"

"当然，你可以偷偷地带一个手提无线电收发报机去。"韩密敦船长对冯·奥斯丹说。然后他又说：

"艾维尼想跟他们一起去，我同意派几个人，去摸摸虚实，这也正是我们的工作。看看谁愿意去？"

罗兰辛有些犹疑，但其他几个人都表示赞成，他也只好同意了。事后他才意识到，假如当时有谁说一声不愿意去，那大家都会退缩不前的，人就是这么一种有趣而古怪的动物。

大家艰难地行进着。

凯玛尔背着发报机，那是一个点线发报系统，他一直不让罗尔万人了解这无线电是什么东西。

韩密敦船长建立起3个三角自动收报站，随时接收凯玛尔发来的信息。

罗尔万人看样子对路线并不太陌生，只是偶尔翻翻他们手绘的地图。

罗兰辛已经能分辨出他们的个性特征了。阿拉士伏是个行动迅速、鲁莽、三言两语就能干起来的性子；西尼斯则是个慢吞吞、行动缓慢迟钝的类型；从杨伏萨兰的表情，看得出他脾气暴戾；另一个能叫出名字的狄乍加兹看来是他们当中最有学问的知识分子了，他跟艾维尼一起很用功地研究语言。

罗兰辛设法跟上他们的语言课，但很难得到艾维尼的指点。

大家一路行进，渐渐地，双方有了接触和交往，彼此有些融洽了。这旅途变得和平和充满友谊。

罗兰辛和唐敦时常为各个星球之间的争战和不断移民而争论，而发感慨。罗兰辛望着那些蹦跳着的罗尔万人灰色的身影，心想：在他们那些非人类的脑壳里，又有些什么梦想呢？他们会为了什么事去奴役，去杀戮，去欺骗，去为之而死？这星球是他们的星球吗？

菲南迪兹的家族是个历史悠久、非常富有的大家族，他是这个大家族中的嫡子。他受过高等教育，也享受过最富裕的生活。他有大量的藏书，有马匹，有游艇，经常去剧院看演出；他曾在世界马球大赛中为他们的大陆夺了很多分，还曾驾驶帆船横渡大西洋；他在月球和水星做过很多地质地层学的工作……

现在却带着一首美丽的歌，离开地球去探索星空。

然而他却永远留在了特罗亚星上。

这惨事来得太迅速也太残酷了，那是在开阔的草原上行进两周之后，他们到达了微微向上伸展的地方，走向在远方地平线窥见的蓝色迷蒙的远山。

这地带长满了又长又粗的草，密密麻麻的树木，流着冷冽而湍急的河水，经常有风刮过。

队伍作一列长排，跌跌撞撞地走上崎岖的山道。这一带有着很多生物，四翅兽展开4只毛茸茸的翅膀，小一点的兽类惊慌奔逃，远处一群有角的爬虫停住脚步，用一眨不眨的眼睛望着这群旅人。

罗兰辛走在队伍的最前面，他看见前边的一块岩石上，躺着一只细小的颜色鲜艳的动物，正在晒着阳光。它看去像长得过分大的蜥蜴，罗兰辛向身边的外星人阿拉士伏指了指这动物。

"沃兰苏。"阿拉士伏回答。

罗兰辛已经能慢慢理解外星人的一些语言了。

117

"不……"罗兰辛觉得古怪的是，艾维尼研究了这么久，仍不知道"对"和"不对"的词语，也许，他根本就不想让别人学罗尔万语吧。所以他只好用英语说："不，我懂得那个词，那是指石头，我是指那在石头上的蜥蜴。"

阿拉士伏走过去看了好一阵，才说："西纳尔兰。"

罗兰辛一边走，一边在笔记本上把这个词记下来。一分钟后，他听见了菲南迪兹发出的惨叫声。他同转身来，只见那地质地貌学家早已倒下来，那只蜥蜴咬着他的裤腿。

唐敦捉住那只蜥蜴的脖子，将它摔在地上，用脚把它的头踩碎。

菲南迪兹用痛苦的眼睛望着大家："好痛啊……"他的腿上留着蜥蜴咬过的啮痕，四周有着发紫的色泽。

"毒！快拿急救箱来！"唐敦喊叫着。

艾维尼马上用刀子把伤腿的皮肉割开。

菲南迪兹猛吸了口气，叫着："我不能呼吸……透不过气来……我透不过气……"

艾维尼弯下腰，想去吸吮伤口，但他立即就挺起腰杆，含糊地说了声："把毒血吸出来也没用，如果毒已扩散到他的心脏，就没办法了。"

菲南迪兹的心脏突然静止不动了。

人工呼吸也是白费的，他的心脏彻底地停止了跳动。

罗兰辛站在那儿一动不动，他无法接受眼前的事实。

大家掩埋了菲南迪兹的尸体。

菲南迪兹长眠在遥远的异星，孤单寂寞，不知他的灵魂要飞渡多少光年才能回到他葱绿的家园。

罗兰辛猛地想起一件事，当时他同阿拉士伏走在前边，他指着石头上的毒蜥蜴问是什么，阿拉士伏犹豫了一阵才回答说是"西纳尔兰"，但他并没有警告说这生物是会咬死人的。

这是谋杀？还是一次意外？

罗兰辛抑制着激动，他警觉起来。

罗兰辛一行人继续前行，谁也不知道前面有什么在等待着他们。

在菲南迪兹去世后大约一个星期的一天晚上，韩密敦船长打来无线电报：

"喂，你们的外星人向导在搞什么鬼？你们又拐哪儿去了？为什么他们不领你们走直路到他们的家去，而像捉迷藏似地拐来拐去？"

谁知道呢？有太多的疑团，难以解开。

冯·奥斯丹和唐敦的周围是陡峭的直插云霄的群山，峰顶尖锐，有着白色的雪岭，在冰蓝色的天空下，显得特别刺眼。下边是山脚的斜坡，一直指向远处奔腾的河里。这是平原与大海之间突然升起的一片巨大的岩石山峦。

在这一带，狩猎十分困难，有几天食物差点不够吃。他俩一边商量着对付罗尔万人的对策，一边小心翼翼地沿着山地上的羊肠小道慢慢地走着，不时用望远镜寻找着猎物。

一只野兽出现了。两枪同时打响，猎物不见了，冯·奥斯丹和唐敦跳过岩石，急忙去寻找。

糟糕的事也就在这时发生了。他俩同时跌进一个6米深，4米宽的洞穴里，怎么也爬不上来了。

求救，向谁求救呢？他俩也不知离同伴多远。

一个飘雪寒冷的漫长夜晚熬过去了。没有人来。他俩冒着雪崩的危险，向空中鸣枪求救。

等到炽热的阳光照亮了洞穴时，罗尔万人来了。冯·奥斯丹向他们举起枪，恨不得杀死他们，是他们害死了菲南迪兹，如今又设下陷阱要残忍地杀害他们。他这样想着的时候，罗尔万人已经走开了。

两个人在焦急地等待着救援。

然而事实出人意料，罗尔万人不一会儿又回来了，他们带来了一条长索，其中一个罗尔万人把长索的一端捆在腰部，把另一端扔入洞穴，营救人类。

得救的唐敦消除了对罗尔万人的憎恨，冯·奥斯丹对外星人仍怀有敌意，只是不外露罢了。

从悬崖到海边的路程是十分折腾人的，但也只是花了两天时间就到达平坦的海岸线了。艾维尼说，外星人狄乍加兹告诉他，用不了几天就能到达目的地了。

罗兰辛不由有些紧张，再过几天，在目的地，会发生什么呢？

但在他们马上要结束这漫长的旅途之前，不幸的事又发生了。

这日，他们正走在悬崖下的狭窄的沙滩上，突然间，海潮涌来。它来得这么迅速，这么猛烈，让大家始料不及。

一个巨浪翻过了礁石滩头，以疯狂的速度席卷而来。一浪紧接一浪，罗兰辛狂叫着与大浪搏斗，但大浪像巨拳似的一拳拳把他打下去。顷刻间，海水淹没了他的膝盖，他的臀部，大浪盖过他的头顶，回浪又把他带向海中……

迷蒙中，罗兰辛发觉一个罗尔万人在他身边被大浪卷走，他听见一阵惨叫声。

罗兰辛抓住一个不知是什么的东西，拼尽全力地坚持着。

幸好，狂潮马上过去了。等大家都镇定下来，统计人数后发现，3个人失踪：凯玛尔、阿拉士伏和杨伏萨兰不见了。

等海潮退定，大家在远处海岸上发现了平安无事的凯玛尔和外星人阿拉士伏。

又失去了一个外星人杨伏萨兰！永远地失去了。

大家为他唱着丧歌，默默地祈祷。

黑暗来临，大部分人都精疲力竭地睡去，只有艾维尼和狄乍加兹跟往日一样，侃侃而谈。罗兰辛就躺在他俩附近，逐渐能琢磨出这罗尔万语的意思了。他俩有两句对话相当重要，大致意思是：

"你必须尽快消除他们的怀疑，至少当我们到达苏尔拉，他们会看出过去的阴影（或欺骗）的。"这是狄乍加兹的声音。

艾维尼说道："我认为他们不会，我是权威，他们会听我的。再坏，也可以用对付第一支探险队那样的办法来对付他们，不过我希望这并不需要。"

"如果需要，也只得这样做，这大计划可不能因几条人命就被破坏掉。"

艾维尼叹了口气，有些哽咽地说道："对于我来说，这负荷太大了。"

一切都似乎明白了，一切似乎又都不明白。罗兰辛再也听不出他们说什么了。不过，这也就足够了。

被叫作苏尔拉的小村到了，罗尔万人所谓的老家。

艾维尼的翻译开始流畅起来。在从村子出来的一个罗尔万人回去"传递信息"的时候，他向大家介绍说，罗尔万人有地下城市，人口至少 1 亿，正在这个星球上繁衍生息。

这时，大约有五六十个罗尔万人走出来"欢迎"这些客人。

罗兰辛走进门口时，抑制住自己内心的寒栗，他还能再次从这门口出来，重见天日吗？

这地下村庄以泥土和水泥为主要建筑材料，连家具都是用水泥浇铸成的。各种通道四通八达，室内整齐简单，没有装饰，似乎仍停留在地球的 18 世纪水平上。

艾维尼去和一个看似是当地领导的人商谈，一个小时后，他回来说，这里的村长正用他们不很先进的电话同本国政府联系，问问这些"外星来客"是否可以留在这儿，是否能派几个科学家来共同进行研究工作。

凯玛尔问："他们会答应让我们移民？"

艾维尼耸耸肩："你打什么主意？这得由官方决定。"

看来移民是没多大希望了，要征服 1 亿罗尔万人不是易事，他们也有武装，听艾维尼说，他们还有高度的军事纪律，人类根本不能飞过这 3000 光年的旅程，一下子运来大批人和设备，即使能运来，也是得不偿失的。

不过，事实真是这样吗？

那天其余的时间，大家参观了全村，这的确像是一个久住的村庄。基础设施、科学文化设施、军事装备等都很齐全。

　　然而有太多的疑问弥漫心头，经过仔细分析，罗兰辛得出结论：罗尔万人不是这个星球上的人。他们带路绕来绕去，就是为了争取时间建造这村子，以证明罗尔万人是这个星球的主人。等地球人知道特罗亚星已有高度的文明，放弃移民的想法时，他们便占领这个星球。

　　罗兰辛不由得为自己和同伴的命运担心起来。

　　凯玛尔完全赞同他的意见，他们俩偷偷地走出村子去向大本营发报，结果，被罗尔万人发现，一场激烈的冲突是难以避免的了。双方全体出动，战斗是相当激烈和残酷的，罗尔万人的进攻两次被打退，有死有伤，看来，有些支撑不下去了。

　　艾维尼知道自己伪装不下去了，要求谈判。

　　艾维尼还在狡辩，罗兰辛针锋相对，当罗兰辛把他的伪装一一撕破时，他交代了罗尔万人的本来面目，原来他们是同"赫德逊"号同时到达特罗亚星的，他们真正的星球同地球相似，他们同样也想移民。那几个罗尔万人是伪装成土著来探视虚实的。当罗尔万人炮制旧村庄时，他就同他们合作了。

　　"为什么？"凯玛尔生气地问道，"为什么？"

　　"我想救'赫德逊'号，使它免于'达伽马'号的命运。"

　　原来，"达伽马"号探知特罗亚星能移民，返回太空巡检站接受免疫检查时，被火星人劫获了。然而"达伽马"号上的船员都被妥善地安排到了塔西迪星上新伊甸园过着自由的生活。

　　"他们很多人都有家庭啊！"凯玛尔说。

　　"有些人必须为了伟大的目标牺牲小我。"艾维尼说。

123

罗兰辛愤怒而迷惑："这是为什么呢？"

艾维尼这个心理学家抬起头来，脸上露出一副痛苦的表情，但他的话中还怀着一丝渺茫的希望：

"这全是为了大家好。人类还没有准备好移民这一步，然而又制止不了政府的决策，只好采取这种方式了。"

"科学需要达到一定的程度，人才能控制自己的未来、自己的社会。战争、贫困、动乱，所有这一切只要一发生，都能够制止。要达到这一点，首先人类得成熟才行。每一个个别的人，都必须健全，非常自制。人类不会是盲目的、贪婪的、冲动的、冷酷的动物，到那时，才能够走向星际！当然这需要一个漫长的时间。

如果漫无边际的探索在 20 年间竟找到了一个有用处的星球，那么狩猎队就会保证每四五年找到一个，人就会认为他们能永久移居外星，社会的方向将会改变，不在内部发展，而向外部发展了，那进程将无法加以制止了。

移民的热潮将产生混乱，会制造更多的麻烦，上百万个古怪的小文明将会诞生，走他们自己的路。星际探险将会造成一次无法弥补的大破坏。那将是混乱和折磨，整个文明又起又落，战争和压迫，从现在直到永远。

"人类只有达到了一定的成熟程度，才能到星空去。"

罗兰辛转过身来："我赞成你把真相说出来，但还是让人类走向星空，并承担一切后果，让人类自己决定自己的未来吧。"

"你们破坏了人类的未来，也许还破坏了整个宇宙的未来！"艾维尼绝望地离开了他们，跌跌撞撞地走进稀疏的小树林，罗尔万人也在退却，回到了他们的太空船。

远处传来韩密敦火箭船迫近的声音。

再也没有什么能阻止人去探索星空了。人类将拥有天空。

艾维尼终究会不会是对的呢？

罗兰辛相信，在一千年内，谁也没法回答这个疑问，永远也不会有答案的。

8. 星际战争

19 世纪末，火星人严密地监视着地球。他们就像用显微镜观察水滴一样研究地球人的活动。然而此时，地球上的科学家谁都不相信火星上有生命存在。

一天早上，大气层中一道火光从温彻斯特急速向东掠过。人们把它当作一颗普通的流星。它的尾后拖着一条发绿的彩带，坠落在地球上。

著名天文学家奥吉尔维看到了这颗"流星"，第二天一大早，他就出发去找这个陨石。不久，他果然在公共用地找到了。这个陨石在沙地上砸了一个大坑，沙子被猛烈地抛向四面八方，形成了一些沙堆。这些沙堆在一英里半之外都能看得见。附近的灌木都烧着了，火向东蔓延着。

这个陨石大部分被埋在沙里。它的未被覆盖的部分像一个巨大的圆筒，全身平滑，有一层厚厚的褐色鳞状外皮，直径大约有 27 米。奥吉尔维走近这个物体，他感到非常吃惊，因为大多数陨石都是圆形的，而这一个却是例外。这东西散发出大量的热量，使人无法靠近。他听到陨石的内部似乎发出乱哄哄的声音，他想，这大概是由于表面冷却不均衡造成的。

奥吉尔维独自站在大坑的边缘，瞧着它那奇怪的外壳。突然，"陨石"的褐色外皮从一端的圆形边缘剥落下来，在刺耳的响声中，一个大块一下子裂开来，把奥吉尔维吓了一大跳。他想弄清是怎么回事，于是下到了坑底，他惊奇地发现这个圆筒的圆形顶正在极其缓慢地旋转。他恍然大悟：原来这个东西是人工制造的——空的——一端是可以拧的！可是，是什么东西在拧这个盖呢？

"天哪！"奥吉尔维想，"里面大概有一些人，他们快要烤死啦！"

他立刻把这个东西与昨天晚上观察到的火星上的亮光联系起来。他迫切地想看看封闭在里面的生物。可是，热辐射阻止了他。他只好爬出大坑，朝沃金方向跑去。

他跑到新闻记者亨德森的家里，把这件怪事告诉了他。亨德森马上穿上外衣和他一起朝公共用地跑去。那圆筒仍然在原地，此时，筒内的声音已经停止了，而在圆筒的顶部与筒体之间露出了一个发亮的金属薄圈。空气正在朝里进或者是朝外冒，发出咝咝的声音。奥吉尔维和亨德森听了听，用棍子敲了敲它，没有任何反应。他俩得出结论：里面的人一定死了。

他们激动而又慌张地离开那里，亨德森立刻把这条消息发往伦敦。第二天的晨报便刊登了这条惊人的新闻。

我是读了晨报才知道这件事的。我立即朝公共用地跑去。那儿已经有许多人在围观，奥吉尔维和亨德森也站在那里。圆筒的大部分已经露出来了，几个工人正在想方设法拧那圆筒盖。这一工作一直进行到太阳落山。圆筒的一端终于被拧开了，筒内黑糊糊的。我很快就看见在黑暗中有什么东西在动：一个接着一个、波浪似地运动着。然后是两个发亮的圆盘和一种类似于蛇一样的触须从里面往外突露，逼着人们朝后退。

一个巨大的、灰灰的圆形躯体从圆筒中钻了出来。它像湿的皮革那样闪闪发光，两只黑色的大眼睛紧紧地盯着我。它的头部是圆的，没有嘴唇的嘴在喘着气，还流着口水。这个生物全身痉挛性地一起一伏，一根细长而柔软的、类似触须的附属器官抓着圆筒的边缘，另一根则在空中摇摆。突然，它翻过了圆筒的边，掉进了沙坑，只听"砰"的一声，它发出了一声奇特的沙哑的叫声。立刻，另一个生物从圆筒的阴影中出现了。

人们四散奔逃，从远处观察着这些奇特的怪物。有一次，一条像章鱼臂一样的又细又黑的带子，在落日的余晖中闪了一下，又缩了回去。后来，一根一节一节的细棍儿伸了出来，细棍儿顶端顶着一个圆形的盘子，盘子在摇摇摆摆地旋转着。它们在干什么呢？人们开始向沙坑边移动。经过紧张的协商，大家推举了一个代表团，打着一杆白旗朝火星人接近，向它们表明地球人的诚意，奥吉尔维和亨德森也是代表团的成员之一。

在代表团快要接近大坑时，突然，出现了一道闪光，从沙坑里喷出了大量透明的绿烟，分成3股，一股一股地升起。绿烟消失之

127

后，咝咝声变成了嗡嗡声。一个驼背形的东西从大坑中出来了。紧接着，真正的火焰爆发了。只见一道接一道的白光喷向代表团，人们倒下了。

火焰不断地向四周横扫，人们四处逃命。

整整一夜，那些火星人都在敲敲打打，在他们的机器上工作着，不时有一股股绿烟像旋风一样在天空上回旋。

大约 11 点钟，两连士兵开来，他们在公共用地边缘形成一道警戒线。另一些部队也正不断开来。这一事件已引起了军队的高度重视。

午夜过后，一颗绿星星从天上落到了西北方的松树林里，它引起了一道白光，就跟夏天的闪电一样。这是第二个圆筒。

地球人军队对于火星人的知识贫乏得可怜。他们对第二个圆筒使用炮击，希望在它打开之前把它摧毁。然而，这个办法却无济于事。

傍晚 6 点，我正和妻子喝茶，突然听到公共用地那边传来一声低沉的爆炸声，连地面都震动了。我看见东方学院崩塌了，小教堂的塔也变成了一片废墟，紧接着，我家的烟囱也倒塌了。我立刻意识到我们已经处在火星人的控制范围之内。我抓住妻子的手对她说："我们不能留在这儿了！"

"可是，我们到哪儿去呢？"妻子恐惧地问。

"去莱泽尔海德！"我说。我在那里有几个堂兄弟。

人们都纷纷从家中出逃。我找到了一辆马车，朝莱泽尔海德赶去。大约 9 点钟，我们平安到了莱泽尔海德。我托堂兄弟照料妻子，立刻又动身返回我在梅布利的家，因为我是个作家，我想亲眼看看这场战争的进程。

我赶着马车沿着河谷奔跑。我看到了梅布利山的侧影，山上的树在红光的照耀下显得又黑又尖。这时，一道青绿色的闪光照亮了我前面的路，天上落下了第三颗绿星星。

暴风雨来了，闪电一道接着一道。我的马狂奔着。在闪电中，我看见了一个奇形怪状的三脚怪物。它比房子还高，大踏步地走过小松林。这种用闪闪发光的金属制成的会走路的机器前进时，一节一节的钢绳子在它身上晃来晃去，发出稀里哗啦的声音。

突然，我面前的松林分开了，第二个三脚怪物出现了，它直朝我冲来。我来不及停住马车，马车失去了控制，我被摔进一个深水坑里。庞大的机器从我身边走过，朝山坡走去。只见一股股的绿色烟雾从它的肢体的关节处喷射出来。它就是火星人向地球发射的 10 个圆筒中的第三个。

我回到了家。从窗子看出去，四周一片焦黑。在我走后的 7 个小时中这里究竟发生了什么事，我一无所知。一个士兵走进我的花园。

"喂，你要到哪儿去？"我问。

"我想找个地方藏一下。"

"进屋来吧。"我说。

他一边喝着酒，一边哭泣起来。他对我说，他们一团人都被扫荡殆尽了。公共用地那儿已经没有活着的生命。那些火星人制成的机器怪物能放射可怕的热线，把城镇烧成废墟，而且机器怪物还不断地从沙坑中被制造出来。

　　我决定立即同莱泽尔海德，和妻子马上离开这个国家，火星人的力量给我的印象太深了！士兵决定和我一起走。但是，在莱泽尔海德和我们之间，还有那第三个圆筒和机器怪物。我们商量好以树林作掩护。

　　路上，到处是尸体和丢弃的东西。除了我们，梅布利山上似乎一个活人也没有了。当我们拐上一条大路时，我看见一个农场的大门里排列着 6 门大炮，炮手们在集结待命。路上挤满了逃命的人群。士兵们警告人们尽快离开这里。

　　突然，从彻特西方向传来了隆隆的炮声，战斗又开始了。战斗就在我们的附近，可是我们又看不见。一会儿，我们看见一股黑烟从河上游远处窜向天空并悬在那儿不动。紧接着，一声爆炸把人们震呆了。

　　"来啦！"一个人喊道，"就在那儿！"

　　没多久，一个、两个、三个、四个穿戴盔甲的火星人一个接一个地从远处出现了，并且很快地向河边推进。他们以一种旋转运动向前推进，就同飞鸟一样迅速。一共有 5 个火星人。一个火星人在高空中挥舞着一个大盒子，盒子里喷出可怕的热线。

　　"快！钻进水里！"我一边嚷着，一边扎进水中。别的人也都跟着我跳下去。

　　火星人一步跨进河中。就在这时，那 6 门大炮响了。一枚炮弹炸中了火星巨人，他一摇三晃，像喝醉了酒一般，不能掌握方向，跌到了河里。他巨大的肢体搅拨着河水，水柱、水雾、烂泥及钢铁碎片满天乱飞，大量的红褐色液体从机器里一股一股地往上喷；热线盒子射向河水时，河水立刻变得滚烫，人们拼命地往河岸跑。

忽听得一声怒吼，其余的火星人愤怒了。他们大踏步朝彻特西方向前进，把热线发生器在空中摇摆着，发出咝咝声的热线束一会儿射向这边，一会儿射向那边。那射线威力无比，房屋经它一照就土崩瓦解，树木"噼啪"一声就着了火；热线上上下下地闪烁着，吞没那些来回奔跑的人们。

我已爬到岸边时，那几乎达到了沸点的巨浪朝我冲了过来，我大叫一声，被烫伤了。正在我痛苦挣扎的时候，一个火星人的巨脚从我头旁跨过。在热雾中，我看见 4 个火星人把同伴的残骸捞起来，继续向前走去。

我奇迹般地幸免于难。

火星人在领受了地球上武器的威力之后，退回到公共用地一带。那种圆筒在星际中飞翔；每 24 小时，他们就得到一次增援。与此同时，地球人的军事当局也领教了他们对手的巨大力量，不断地把大炮布置在新的位置上。

我忍着伤痛，疲惫不堪地向伦敦进发。我看到一只无人的小船从上游漂来，就抓住了它，朝前方划去。在河的拐弯处我上了岸，一下躺倒在深深的草丛里。我病了，发着烧，昏迷了过去。等我醒来时，发现身边坐着一个人，他是一个牧师，也是这场劫难的幸存者。于是我俩结伴同行。

一路上我们隐蔽而行。一次，我们看到四五个人在田野中逃命，一个火星人赶上了他们，把他们一个个抬起来扔进一个很大的金属容器中；我们吓坏了，急忙跳进一户院墙躲起来。我们重新动身上路时已经夜里 11 点了。我们不敢从大路走，在黑暗中，他在右侧，我在左侧，摸索着前进。

我们来到了一所白色的房屋，在厨房里意外地发现了一些食品。我们坐在黑暗中欣喜地吃着，商量着下一步如何走。可正在这时大地震动起来，石头稀里哗啦砸下来，我被砸昏过去了。当我醒来时，发现牧师正在给我擦洗。

"不要动！"他说，"他们就在外面。"

我们一动不动地呆了三四个小时，一直挨到天亮。从墙壁的缝隙中我看到一个火星人的身体，他站在那儿给一个发光的圆筒放哨。

"糟了！"我说，"这只火星上发射的圆筒撞上了这座房屋，我们给埋在废墟里了。"牧师马上低声哭起来了。

外面，一种金属的敲击声开始了，然后是一阵强烈的呜呜声，接着又是哑哑声；这些声音断断续续地响下去，让人受不了；但是我们绝对不敢作声。我们从墙上的缝隙朝外看，外面的变化实在太大了：圆筒彻底摧毁了这座房屋，深深地扎入地下，砸出一个大坑，只有厨房幸免于难；但可怕的是厨房正悬在大坑的边缘。圆筒已经被打开了。在它的旁边直立着一架巨大的战斗机械，高高地指向夜空。这种机械不断地制造出金属蜘蛛。这种蜘蛛有 5 条互相联结在一起的敏捷的腿，它身体的周围还有许多联动杠杆及触手，其复杂完善的程度令人吃惊。

这回，我看到了真正的火星人。他们有一个圆圆的身体，其直径大约有 4 英尺；身体上有一张脸，脸上没有鼻子，耳朵长在脑后，像一片绷得很紧的鼓膜，他们的眼睛大大的，呈暗黑色，眼睛下面有一张嘴。在嘴的周围有一簇细长的、像鞭子一样的 16 根触须，分两束排列，这就是他们的手。火星人没有内脏，他们靠吸取其他动物的

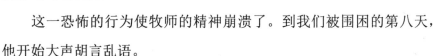

血液为生，他们从不睡觉，可以连续不断地工作。而且，火星人没有性别之分，小火星人能像发芽一样从母体中长出来。火星人不穿任何衣服，他们对气温和压力的感觉很迟钝，他们从不生病，这一切都说明他们在进化方面比地球人先进得多。

那个忙碌的机械已经把从圆筒中取出的一些仪器零件安装成了和它自己一模一样的东西。它的下方还有一个小机械有条不紊地在挖掘，我们听到的敲击声就是它发出的。

随着时日的增加，我们的情绪变得极坏。我们在黑暗中小声地争吵、争吃、抢喝，甚至大打出手。一天，我们从缝隙中看见火星人的触手从一个笼子里抓出一个人来，那人挣扎着，发出一声惨叫，他的命运可想而知。

这一恐怖的行为使牧师的精神崩溃了。到我们被围困的第八天，他开始大声胡言乱语。

"安静些吧！"我恳求他。

"我安静的时间太久了，"他说，"苦难！苦难！苦难！全世界都在受苦难，喇叭声……"

"住嘴！"我说着，站了起来，深恐火星人听到，"看在上帝的分上……"

"不，"他高声叫道，"上帝给了我说话的权利！"

他跨出三大步，站到了通往厨房的门口。

"我要走啦！我要走啦！"

他朝门口走去。我摸到一把斧子想都没想就朝他砍过去，他倒了下来。我呆呆地站在那儿发愣。这时，突然，我看见一个火星人的脸朝缝隙里窥视，他已经听到了动静。他把长长的触手伸进来，向我逼近。我吓昏了，急忙向角落缩去。那里有一扇通向煤窖的门，我一下子滚了进去，把门关上。火星人发现了牧师的尸体，仔细地审视着他的颈部，然后把手伸向煤窖的门。门被打开了，触手伸来，像一只大象的鼻子摇摇摆摆来同扫动，它甚至碰到了我的脚后跟。后来，我听到"咔嚓"一声，它抓住了一块煤出去检验去了。

等我爬同厨房，发现一点食物都没有了，全被火星人洗劫一空。我靠喝污水熬到了第十五天。那天一早，我从缝隙中朝外看，所有的机器都不见了，土堆周围只有铝板和人的骷髅。我逃跑的机会来到了！我从废墟中爬了出来，吸了一口新鲜空气，急急忙忙上路。我所看到的世界是一片惨状，到处是白骨、饿狗和乌鸦。我怀疑自己是最后一个活人了。火星人已经离开了这个地方，他们摧毁了伦敦，正向巴黎和柏林进发。

我要赶到伦敦去。路上，我奇迹般地又碰到了那个曾经跑到我房子里来的士兵。他告诉我，这些火星人还只是一些先锋部队，即使这样，地球人已经一败涂地了。

几天后，我到了伦敦。市内一片可怕的寂静，整个城市成了废墟。我独自一人在这个死城里溜达着，听到了一阵阵"呜啦，呜啦"的声音。我循声找去，透过落日的余晖，我看见了火星巨人的顶盖，那声音就是从那里发出来的。我悄悄向他走去，可是奇怪得很，他一动不动，好像死了一样。我朝另一处走去，又看见了第二个火星人，他和第一个一样，也一动不动。不久，我看到了第三个不动的火星人直立在山顶上。

好奇心驱使我朝那个怪物奔去。我呆住了：在一片空地上，庞大的机器堆积如山。许多火星人僵硬地躺在那里——他们是被病菌杀死的！我明白了：在火星上是没有病菌的，这些火星人人侵地球之后，在地球上吃人，与此同时也就染上了他们致命的死敌。

火星人完蛋了！这消息一夜之间传遍了全世界。人们高兴地喊着、叫着。教堂的钟声又响了。

莱泽尔海德和梅布利在这场劫难中也被摧毁了。我想我的妻子一定惨遭不幸，我万分悲痛，但是我还想最后看一眼我的家。于是我又向梅布利方向进发。

我的房子还残存着，书房里的写字台上还压着我没有写完的一张稿纸。我下楼走进饭厅。这时，我听到一个熟悉的声音传来："不要留在这儿了，这儿什么都没有啦！"

我奔出去：妻子和堂弟就站在那里，她摇摇晃晃地朝我扑来——哭了！

9. 外星人

寒流侵袭了整个美国北部。但南部的佛罗里达州，却没有浓霜和冰霜，它是沐浴在明媚阳光里的小绿洲。晴空万里，能见度清晰，大洋一片宁静。因此，在迈阿密机场指挥塔里的小伙子们不用担心。飞机往来如梭，平安无事。但谁也没想到竟会发生梦幻般的事情。

从加拉加斯飞来的 303 班机，刚刚从波多黎各的圣胡安起飞。它在巴哈马群岛上空来了个大转弯，总共飞行了近 2000 千米。

在指挥塔上，电子日历上的日期是 21 世纪某年的 2 月 18 日。

杰克和迈克今天下午值班。全部是自动化控制的指挥塔只需要一个人值班就行了。计算机指挥着全部空航。

14 点 55 分整，扩音器中传来了带鼻音的呼叫声：

"我是 303 班机杰斐逊机长，你们听到了吗？迈阿密。"

迈克弯着腰凑近麦克风，他注视着眼前半圆形的雷达显示屏，风趣地回应着。用不了多长时间，他们就可以面对面地谈话了。

迈克和杰克注视着雷达屏幕上一个个光点，这些亮晶晶的光点表明飞行中的班机所在的方位。透过镶着染色玻璃的圆顶观望室，他们看到整个迈阿密机场的壮观场面。从大西洋吹来的阵阵轻风，使棕榈树树叶摇曳。

这是迈阿密机场普普通通的一天。

突然，指挥塔里 7 号屏幕上的 303 班机的光点消失了！

任凭杰克拼命地呼叫，始终死一般的沉寂，没有任何回答。15 点 14 分，303 班机消失了；15 点 17 分，雷达显示屏上仍然没有出现它的光点。这架同温层喷气式客机真的是粉身碎骨了？看来结论是：42 名乘客死亡，还有 4 名机组人员和 1 名航空小姐也同机殒命。

巡逻飞机一架又一架腾空而起，朝着巴哈马群岛方向飞去，朝着 303 班机失踪的方位，那个声名极坏的百慕大三角地带飞去。

303 班机失踪的消息传到了大名鼎鼎的电视台记者乔·莫布里那里，他乘班机从华盛顿迅速赶往迈阿密机场。不过，这次他可不是采访，而是因为他深爱着的妻子，在《明星论坛报》供职的琼·韦尔，就乘坐在失踪的 303 班机上。

黑压压的人群把南方航空公司办公处围得水泄不通，警察在维持着秩序。人们在焦渴地等待着公司的最新公告。

人们艰难地挨着时间，始终没有新的消息。谁也不愿离开办公处，一些固执的人干脆呆在停机坪上过夜。乔·莫布里找到一家旅馆，他不吃不喝不能入睡。他悲伤极了。

第二天，2 月 19 日 14 点 50 分。依旧阳光明媚，东风轻拂。巡逻机队没有得到任何收获。

指挥塔里，杰克注视着荧光屏，因为有另一架喷气式客机来飞 303 航班的航线。这架飞机将在同一时刻——15 点 32 分抵达迈阿密。此时，它的光点在屏幕上闪烁着。

14 点 57 分，扩音器中传来呼叫：

"我是 303 班机。我向迈阿密指挥塔呼叫。"

杰克皱起眉头，感到有点奇怪。紧接着，又传来令人难以置信的呼叫：

"你是，迈阿密！我是杰斐逊。"

迈克还以为是新的 303 航班在开玩笑，一时非常恼火。然而，杰克指着 3 号雷达显示荧光屏，上面有今天的 303 班机的光点，可在它旁边闪耀着另一个光点，而且是突然出现的。

两个 303 航班同时呼叫的声音也在扩音器里响着。

这两个导航专家被弄得云里雾里，心急如焚。但杰克还是提出了问题：

"杰斐逊……今天是几号？"

尽管对方觉得这种问话没有什么意义，但还是做了回答：

"今天是 2 月 18 日呀。"

"不对。18 日是昨天，今天是 19 日。你们已经失踪 24 小时了。"

"活见鬼！"杰斐逊叫起来，"您不相信我……我可以告诉您所有乘客的姓名……"

"那么你们沿原航线飞吗？"杰克问。

"那当然。而且尽量准时到达。"

消息传遍了整个机场，保安部门制定了庞大的防御措施。警方封锁了机场。千百双眼睛注视着佛罗里达的蓝天。他们要看看两架来自加拉加斯的 303 班机到底是怎么回事。

迈阿密机场戒备森严，这更吸引了大量看热闹的人。大量记者也赶来了，乔·莫布里的密友、电视摄像师默凯特在他们上司罗伯逊的派遣下，风尘仆仆，迅速赶到。然而，所有的记者也都被拒之门外。

莫布里以"遇难者"家属身份，带默凯特混进机场。

飞机出现在远处的天空，近了，徐徐降落，这的确是一架漆着南方航空公司标记的客机。它喷吐着长长的火焰柱着陆了。

默凯特在偷偷地拍摄着。

舱门缓缓打开了，金属舷梯自动地伸向地面。

头一个出现的是一位男人。他身材魁梧，穿着飞行衣。他挥手向大家致意。这就是杰斐逊机长。

乘客一个接一个走出舱门，走下舷梯，一共 42 人。

莫布里发现了琼！他的眼睛闪烁着欣喜的光芒。然而，也有一团疑云在心中升起。这也太神奇了，这不会是真的！

303班机的全体人员被带进接待室，这时他们可以隔着玻璃墙看到等候他们的亲人。他们用手势和家人进行对话。任何人都没显出慌乱的神情。他们的精神状态就如同正常到达的时候一样。

然而，人们不住地对他们絮叨今天是2月19日，而不是18日。他们似乎不太明白，显出很惊异的样子。

全体乘客又经过医生一个多小时的检查，终于都和亲人团聚了。莫布里把琼紧紧搂在怀里。对他来说，不管发生了什么事，眼前终究是他的琼呀，这就够了。

可怕的噩梦似乎结束了。或许，这仅仅是噩梦的开始？

莫布里一个劲地打量妻子，可是没有什么异常啊。但当他一想到琼的的确确24小时不存在时，他的心不由得抽搐了一下。直到回到华盛顿自己的家中，莫布里仍然心怀疑惑，然而，眼前的事实又让他无法怀疑。琼和以往没有什么不一样。

当天晚上，电视台就播放了莫布里和默凯特采访的独家新闻。

"这次你又可以到你的老板那里领赏去了。"琼讥讽地说。

莫布里知道，他的老板罗伯逊不会多给他一个子儿。第二天，果真是这样，老板反而斥责了他一顿，说当局对此很不满意，挨批评的是电视台的领导。那么理所当然的，领导就要拿自己的下属出气了。

不过，罗伯逊倒是向莫布里透露了一个消息，杰斐逊机长接受了血型检查，结果发现：机长的血型变了。

这时默凯特也打来电话，告诉莫布里，当局也可能对琼的血液进行检查。

"这有什么危险吗?"莫布里问。

"我一点也不清楚。我认识一个杰出的血液学家,我们可以一起去采访他。"默凯特说。

当莫布里在中午到达这位名医的家里时,一个十分重要的情况使莫布里大为震惊。

莫布里走近他的妻子。突然,他皱紧了眉头:

"琼,我感到你有些怪。你眼睛的颜色和以前不一样了。以前是绿色的,可现在是蓝灰色的。"

琼跑到镜子前,惶恐不安地照着自己:"你能肯定吗?"

"能肯定,可能你的血型同杰斐逊一样也变了。我曾问过一个有名的血液专家,他告诉我,人的血型是不会变的。如果有变化,其原因只能是目前人类科学还未发现的某些因素。"

琼的双手一下子蒙住了自己的脸,她像要发神经病似地喊叫起来:

"难道我变成了鬼?这太可怕了!"

莫布里尽可能地安慰她,然而,莫布里的心里,却认为这个琼不再是原来的那个琼了。他还发现,琼的腰部原来长着一颗痣,可是这颗痣现在没有了。

正像预料的那样,琼要接受血型检查,她坚持要一个人去,并要莫布里一定要保守秘密。

当琼刚刚离开她检查血型的花园饭店,莫布里就悄悄见到了为琼做检查的医疗组长。

"我们的检查发现,尊夫人的血型和以前的不一样,并且这是一种在医学上还未见过的血型。她的血型是 A_1 型，Rh 因子阴性。"

莫布里睁着恐怖的眼睛说："您怎么解释这种变化呢？"

"目前还无法解释。"

无法解释的事太多了。这不，在北纬 60 度南 200 千米的地方，沿着赫德森海湾延伸的一片加拿大国土上空，又发现了一件无法解释的现象。

空中警察的巡逻机从面对詹姆斯湾的维多利亚堡方向飞来，在一望无际、白雪皑皑的原野上空嗡嗡地盘旋着。

埃德驾驶着飞机，他旁边坐着弗兰克，正用望远镜仔细地搜索着。从灰蒙蒙的地平线可以看出，暴风雪就要来了。

此刻是下午 1 点钟。突然，弗兰克睁大了眼睛，指着一块灰云说："埃德！你瞅西边的那条绿色长带……"

"嗯，不错，有一条，"埃德点头回答说："好像是从飞机上吐出来的。"

"这不可能。这条长带是朝下的。如果是飞机吐出来的，不就意味着它们就要坠毁吗？"

这条绿色长烟停留有 3 分钟之久，然后便消失在赫德森湾方向。

他们一边往赫德森湾飞行，一边和地面联系。地面说，在这一带，雷达显示屏上并没出现任何不明飞行物。

抵达赫德森湾，已有雪花飞舞。突然，埃德和弗兰克同时发现一个怪东西从地上射出来升入灰色天空中。

这是一条泛出淡绿色光的长带，埃德驾着直升飞机追过去。可是，光带瞬息就在空中变得淡薄薄，它的速度比飞机要快百倍。

直升飞机飞近这条光带升起的地面，掠过一个偏僻的小渔村，没发现任何可疑迹象说明曾有一个飞行物体在此降落过。

直升飞机转向南，摆脱已来临的暴风雪，返回维多利亚堡。

这件事不知怎么的，琼马上就知道了。她没有通知她的上司，只是和莫布里打了一声招呼，说是去采访，就踏上了飞往蒙特利尔的客机，然后将转乘去维多利亚堡的飞机。

莫布里和默凯特都深信，琼·韦尔是不会单单为写一篇可能不存在的不明飞行物而前往赫德森湾的。他俩都各自用一副假发和假胡子化了装，俨然就是一个金融家和一个老老实实的商人。他俩谨慎地跟踪着琼。

飞机载着形同陌路的一对夫妇和其他乘客，抵达了风雪呼啸的维多利亚堡。莫布里不知道赫德森湾的海岸上什么东西在等待着他，他就要去进行一场超过人类常识的前所未闻的冒险了。

到达冰天雪地的维多利亚堡已有一天工夫了。莫布里和默凯特紧紧盯着琼。这个女人跑遍了这个城镇，走访了许多人，调查了埃德和弗兰克。她又预订了第二天的一架出租直升飞机，尽管天气预报说第二天是暴风雪天气。

没有想到，在他们下榻的饭店里，莫布里和默凯特的计谋还是被戳穿了，琼认出了他们。

莫布里只好摊牌，答应为琼驾驶直升飞机，前往赫德森湾。也答应电视摄像师默凯特可以不一同前往。

第二天上午 10 点，莫布里驾机凌空升起。一路上，他拐弯抹角地同琼谈话，试图从中窥探出些什么。琼答话机警，毫不相让。

飞机到达赫德森湾，当直升飞机从一个荒凉的小渔村掠过时，狂风早已把大雪卷到别处去了。小渔村的房屋是用圆木建造的，已部分毁坏了，这说明已无人居住。

但是，有一幢屋子例外，那就是最大的一幢。它坐落在村落最高处的土山包上。它很像个大仓库，屋顶上积了厚厚一层白雪。

莫布里一切都是按琼的意图行事，飞机降落在白雪皑皑的广场上。他们走向土山包上的大房子。

从琼对这一带的熟悉程度看，她绝不是头一次来这里了。

他们走到大木房子前。门"哗啦"一声打开了，一个身穿皮大衣的人出现在门口。莫布里猛然一怔，因为他熟悉这个人的面孔。

"杰斐逊！您在这干什么？"

机长一声没吭，他冲着琼·韦尔说："他们在这儿。"

"都在吗？"琼问了一句。

"是的，遵照考卢的命令，全部在这儿。"

莫布里被弄得莫名其妙，也感到异常恐怖。他被带到一间屋子。

屋内比较凉，但却并不是空荡荡的。那里，有许多情绪沮丧的男男女女坐在地板上，他们一个个神情恐怖而刻板，在那里木然发呆。他们都像服了安眠药似的昏昏沉沉，对莫布里的到来似乎毫无察觉。不过，看样子他们还没死。

突然，他的目光落在一个女人身上，这个人背靠大圆柱，蜷缩在一个角落里。

顿时，他就像失去理智似的，简直要发疯。他激动而又恐惧地哆嗦起来。他感到有什么东西噎在喉头上。他差点瘫软下去。

他惊恐万状，像个行将处决的犯人似地，向前伸出双手，机械地一步一步地走过几个身体僵直的人，嘴里光是念叨着："这不可能……"

他好像觉得有人拿尖刀插入他心窝似的，连胸骨都感到绞痛。他不相信这可怕的现实。

究竟发生了什么呢？莫布里看到的蜷缩在那里的女人是谁呢？

莫布里激动得说不出话来，他呼唤的声音低得刚刚能听到：

"琼！"

她一动不动，像个雕塑似的僵直地坐在那里。她并没有睡着，眼睛圆圆地睁着。她好像走了神，对一切都无动于衷。

他仔细地凝视着她。她的眼睛是绿色的。她身上穿的正是她离家时穿着的春秋衫。他解开她的背部搭扣，一颗美人痣正好在腰部。

他吓得满头大汗，他确认这才是他真正的琼！

那么，另一个，另一个是谁呢？是一个复制品吗？

莫布里数着全屋的人，正是 303 班机上所有的人员。而且杰斐逊就在其中。那么门口的那个杰斐逊是谁呢？其他返回各自家中的乘客又都是谁呢？

曾和他生活了几个星期之久的琼走了过来："我不再骗你了，莫布里。不错，我不是琼·韦尔，而是比奥阿勒。科瓦人，空间飘游者，我们的世界就是空间本身。"

说着，这个叫比奥阿勒的人就把莫布里领出屋外，莫布里看到了一种蓝光，看到一个圆乎乎的东西，两端略微扁平，体积比直升飞机大。

莫布里也不知怎么回事，就进了一个灰色金属大箱子里，这个箱子是个平行六面体，周围很光滑。看来，是艘宇宙飞船。比奥阿勒和他同船升空。

不一会儿就到达了一个神秘空间。莫布里根本就没跨什么门槛，就进入一个半球形大厅。许多器械装在内壁上，他感到自己来到一个非常先进的文明世界。

比奥阿勒按了一下控制台上的按钮，地球的形象便出现在穹顶一个角落里的屏幕上。她告诉莫布里，他们正在地球轨道上，距地球 1000 千米。他们的行踪是完全可以避开地球雷达追踪的。

这时，有一个人从一团模糊的光中突然蹦出来，没有开任何门就穿过大厅内壁。他和地球人没什么区别，穿戴就像古罗马军团的战将，威风凛凛，目光炯炯，神态威严。

"这就是考卢，"比奥阿勒介绍说，"他是我们科瓦人继大电子计算机之后的最高首领，是负责执行我们共同法令的人。"

考卢不会讲地球语言，他通过一个翻译器同莫布里交谈几句之后，就让比奥阿勒开始第二阶段。莫布里也不知道什么叫"第二阶段"，也不知"第一阶段"是什么。总之他被带到了第 17 号大厅。

一个和莫布里一样年轻健壮的人在大厅里，比奥阿勒介绍说，这个科瓦人叫塔纳。

按照比奥阿勒的指令，莫布里躺在一个小床上，塔纳躺在隔板另一侧的床上。然后，比奥阿勒不见了。

莫布里看到一个放大机模样的东西从天花板上降下来了，摄影装置自动对准了他，一个半圆形的东西降下来，紧紧勒着他的额头，一种无形的力量死死地把他勒在床上。

他感到自己身下的小床变得柔软而有伸缩性。他的身子陷下去，刻印下他的体形。然后床又变得像模具一样坚硬起来。他感到一种液体在皮肤上流动着，逐渐凝固，这分明是在制作模子。一会儿，像是有人在揭开自己身上的黏胶块似的。他完全失去了知觉。

当他苏醒过来时，已经过了很长时间，至少有 *12* 个小时。

在他旁边的不透明的隔板后面，塔纳一直在正常地呼吸。

比奥阿勒从一团蓝光点中出现。

塔纳也走了过来。这时，莫布里嗷的一声惨叫起来。他吓得连连后退，他双目睁圆，歪着嘴大叫：

"不，这不是塔纳！"

"这个人……是我呀！"莫布里哆嗦着说。

"是另一个你！"比奥阿勒更正说。

不错，塔纳已被完全塑造成了莫布里，不论容貌，还是声音，包括所有记忆和思维，都和莫布里的一模一样。尽管在神态和动作上还有些不太自然，但很快就能够转变过来。

莫布里觉得科瓦人的工作规模是那样宏伟和不可思议，这套工作就像手工劳动一样，是精心设计和筹划好了的。

"那么，负责这一切的是考卢啦？"莫布里问。

"是考卢和阿科瓦。"

"阿科瓦？"

"就是大电子计算机。它指挥着我们在宇宙中到处飘游。"比奥阿勒解释说。接着，她带领莫布里去看阿科瓦。

阿科瓦由几个部件构成。它身上有记忆部件、计算部件、思维部件和其他部件。每个部件都有着自己特殊的功能。每个部件都安装在一个自成一体的柜子中，每个柜子通过管子与主要协调皮层连接起来。还有许多的光脉冲继电器代替了电缆和电线。

这个计算机的收听间呈椭圆形，上面布满荧光屏和控制台，这确实是一个通信中心。

比奥阿勒按下一个按钮。

一个平平板板、铮铮的声音缓缓地从扩音器里传出，阿科瓦开始讲话了：

"我来同乔·莫布里通话。我是阿科瓦。我对他来到宇宙飞船世界表示欢迎。他想知道什么？"

莫布里鼓起勇气："到底谁造的您？"

"科瓦人呗。现在，我忠实地为他们服务。"

"为什么您生活在空间，而不是在星球上？"

"因为我们的星球被一场大灾变所摧毁。极少数优秀的科瓦人就建造了宇宙飞船世界。在宇宙的好些地方，生命早已出现。具有人性的其他种族既然存在着，我就为我主人发现了一种无须重新开创生命来解决生存的好办法。"

莫布里问了许多问题，当他不再提问时，阿科瓦的电路也自动关闭了。但他想尽可能多地探听些消息，他接着问比奥阿勒：

"那么，什么是'第二阶段'呢？"

"第二阶段就是像我们劫持303班机那样，截获第二架同温层喷气式客机，而且还是在似乎是不吉利的百慕大三角海域拦截。303班机是被一种不可抗拒的力量截获的，它被吸向宇宙飞船世界，磁力障使它从雷达上一下子就消失了。替换飞机上的全部乘员需要 24 小时的时间，这时间与塔纳替换你所需的时间分秒不差。"

随后，附属飞船就把莫布里、塔纳——不，假莫布里、比奥阿勒送回了那个小渔村。

莫布里走进了 303 班机乘员所在的房子，在琼身边坐了下来。现在，他是讲不出话来的。因为他所有的意志都被抽走了。

当飞往维多利亚堡的直升飞机带着假莫布里和比奥阿勒起飞时，雪花又开始飘舞起来。

焦急的默凯特终于等到了老朋友的回归。然而，他在送给两位老朋友的威士忌中放了安眠药，致使他们大睡如泥。然后，默凯特背着摄像机租下这架刚刚降落的直升飞机，他要去干一项他早已深思熟虑过的计划。

默凯特为什么非要租刚刚降落的、他朋友租过的这架直升飞机呢？原来，他早就买通了机场的一个机械师，在这架飞机中悄悄地安装了"监听装置"，这个装置把莫布里飞行的航线全部录制成一个图表。莫布里的飞行路线此刻全被默凯特掌握了。

默凯特找到小渔村，找到了大木屋，找到了大木屋中似死非死的 47 名乘员，他也惊异地发现，坐在其中的乔·莫布里。

惊慌之后，他把这一切都用摄像机拍了下来。

然后，他轮流把莫布里和琼背上飞机，飞回被他用安眠药弄睡的另外的莫布里和琼所在的饭店，把飞机降落在饭店顶层阳台上。这样，在这座饭店四楼的一个房间里，两个琼·韦尔和两个乔·莫布里肩并肩睡在一起。

默凯特十分激动地拍摄着这场面。紧接着，他从药房里租来高频电磁波这种器械，终于把刚刚运来的琼和莫布里弄醒了。

莫布里终于回忆起了他那闻所未闻的经历，琼觉得这像天方夜谭一样。

为了不让小渔村的那个假杰斐逊发现琼和莫布里失踪，为了303班机所有乘员的生命安全，他们迅速载上塔纳和比奥阿勒，飞抵小渔村。他们把两个科瓦人抬进木头房，放在那堆麻木不仁的可怜人中。

在他们刚刚抢救出一个叫沃尔克的电子学专家后，木头房子上突然出现了可怕的绿色光轮。

当莫布里再次打开木房大门时，屋里的人都不见了，没有一点痕迹。他明白，这是科瓦人结束了第一阶段计划，消灭了这些人，包括两个替死的科瓦人。

琼用颤抖的双手捂着脸，恐惧地说：

"这太可怕了！他们一点人性都没有。"

"呵！并不是这样，"莫布里提醒说，"他们把303班机全体乘员消灭前，全都惟妙惟肖地'取代'了他们。他们填补了这些人的空缺。他们之所以劫持了303班机，也正是为了使科瓦人分流到人类中来。"

莫布里、琼，还有一个沃尔克都在机上，默凯特驾机向南飞去。

回到维多利亚堡饭店后，对萨姆·沃尔克进行了多次刺激治疗，结果他从睡眠的状态中苏醒了过来。对他来说，就如同琼·韦尔一样，他的生活于2月18日在巴哈马群岛上空就停止了。被外星人绑架、复制、催眠，他都一无所知。

　　当沃尔克了解了情况之后，他惊呆了，还以为是在做梦。但他还是按照莫布里等人的计划，偷偷地找回家中，取得了妻子的配合，把假沃尔克，那个科瓦人毒死。然后，莫布里和默凯特趁着夜色把被镪水烧得变了形的外星人秘密埋入佛罗里达的地下。

　　紧接着，莫布里·琼和沃尔克开始了阻止科瓦人第二阶段计划——劫持第二架飞机的行动。这次默凯特可没事可做了，因为他没有复制品。

　　莫布里3人找到了假杰斐逊，这个真名叫瓦兰的科瓦人，是第一阶段的总负责人。

　　瓦兰丝毫没有看出破绽，有时还以塔纳、比奥阿勒这些科瓦人的名字称呼他们。他接受了"塔纳"3人在完完全全成为地球人之前的请求，他以他的心灵感应功能向考卢联系，希望准许3人最后一次到宇宙飞船世界一游。他说："考卢同意了。第二阶段计划尚未开始。你们运气还不坏，再晚一步，就不行啦。"

　　莫布里、琼和沃尔克乘车向佛罗里达一个沼泽地疾驰而去。他们行动计划最惊心动魄的阶段开始了。

　　莫布里、琼和沃尔克很快就被接到了宇宙飞船世界。

　　在半球形大厅里，考卢从一个隔板里闪了出来。他的翻译器响起了没有太多语气变化的古板声音：

　　"……我同意你们最后一次来你们生活过的宇宙飞船世界并不是为了你们的目的。要知道，科瓦人没有任何特殊感情，他们心甘情愿放弃他们的个性。因此，他们是不可能怀念过去的。你们本该明白，你们一定要来宇宙飞船世界，是会引起我注意的。"

莫布里知道被识破了。

"你们已经杀害了我们3个人，你们还想消灭地球上所有科瓦人。你们的行动是值得称赞的，因为你们在为自己种族的完整而奋斗，可这破坏了我的计划。而我却不能违抗阿科瓦。"

考卢说着，走近控制台，用手按了一下按钮。荧光屏上显现出地球，突然一架同温层喷气式客机出现了。

莫布里一怔："这是第二阶段计划的目标吧？"

"完全正确，"考卢毫无表情地说，"这是途经巴哈马群岛的不列颠航空公司的伦敦至墨西哥的班机。机上54人。它现在正飞行在百慕大三角海域上空。"

突然，荧光屏上，这架飞机像被橡皮擦掉一样消失了。不久，它就魔术般地出现在宇宙飞船世界的边缘，然后，54个处于催眠状态的地球人就进入了实验室。莫布里知道这一切都是大电子计算机完成的，他知道他们还将经过哪些工序。

莫布里决定孤注一掷。他头一低，向着考卢猛扑过去。考卢胸部被狠狠一撞，顿时瘫倒下去。沃尔克马上给他注射了一针安眠药，这个科瓦人便睡了过去。

琼·韦尔惊恐万状，条件反射地两手捂着脑袋。一连串的惊讶、恐怖，已经让她难以承受了。

屏幕上显示，"复制"程序已经开始了。

莫布里意识到，必须截断这一程序。他让琼监视着考卢，然后和沃尔克飞快地穿过一个蓝光口，跑进一个由玫瑰色灯光照明的走廊。他想起了他同比奥阿勒一同走过的路线。

151

莫布里和沃尔克这个著名的电子学教授又穿过一个蓝光口。他们走进椭圆形的电子计算机大厅，来到控制台前。莫布里看见过比奥阿勒操纵，他像比奥阿勒那样开亮了一个荧光屏。

大电子计算机的全部结构图都显现在屏幕上。沃尔克教授对这些电路图虽不太懂，但同地球上的电子计算机很像。他按下一个按钮，终于使大电子计算机停止了运转。

沃尔克借助指示灯，测试着各个继电器，这是一项特别细致的工作，他必须一步步摸索着操作。

他把计算机中原有的记忆取消，然后再重新编制新程序。他花了很长时间研究着用穿孔带记录下程序的感应规律。他用手按着键盘上一个又一个键，程序便自动地以代码形式编入穿孔卡上。

沃尔克和莫布里忙了3个多小时，终于有了点眉目，但还不能保证成功，他俩来到大厅，一边看守着考卢，一边等待着大计算机消化新指令。

终于，扩音器中响起了铮铮作响、单调而又缺少语感的声音：

"我是阿科瓦，是大电子计算机。我有一些十分要紧的事要讲。"

这3个地球人顿时吓得脸色惨白。决定他们命运的时刻到了。

"我决定停止第二阶段计划。过19小时30分钟，不列颠航空公司的54名乘员就将在他们失踪的地方出现。"大电子计算机说。

这对于整个宇宙飞船世界，该是一件完全出乎意料和令人惊异的事。一台被科瓦人奉为上帝的电子计算机由于一个尚不清楚的原因忽然改变了自己的主意，似乎不大可能。

然而，连接科瓦人同被劫持客机乘员的线路确确实实被切断了。

"我不解释我们为什么在地球附近出现，我也不解释我们为什么要进入你们的文明世界。我们种族最好不再在太空凄惨地飘游。大灾变虽然毁灭了我们高度文明的社会，但我们有能力在别处再建立这样一个社会。当然，这需要几代人的时间……"

沃尔克对自己工作所取得的成果感到惊讶。是他编入了取代旧程序的新程序，改变了阿科瓦的计划，把阿科瓦引向另一个方向。这项成果表明，一个计算机不过是为制造它的人服务的工具。计算机就是再发达再先进，也不会像人脑那样聪明。

"我们本来可以摧毁你们的星球的，可我们何必要这么干呢？所以我们在寻找一个荒无人烟而又好客的世界，我已经在离开这里30光年的地方找到了一个。这就意味着从此你们谁也不会再知道我们了。"

大电子计算机沉默了。莫布里3人仿佛感到，在宇宙飞船世界内又在酝酿着一项新的活动了。

莫布里离开大厅，可他找不到任何一个蓝光口，他们已被关了起来。

考卢苏醒了。他对这些挑衅者似乎并无怨恨之意，他又按阿科瓦的指令办事了。他把莫布里、琼和沃尔克领到一个实验室。这3个人出乎自己预料地毫无惧色，他们像有心灵感应的机器人一样，各自躺在一个小床上。这时，一台结构复杂的装置从天花板上降落下来，一个电极箍紧紧勒着他们的头部。

顷刻间，他们就失去了知觉。

他们在佛罗里达某个沼泽地上苏醒过来。他们头脑空空的，什么也想不起来，两眼呆滞无神。他们直怔怔地想了好几分钟，尽力在思索回忆。

但是，他们一点也想不起来了，有关宇宙飞船世界的事情。他们头脑中的这段记忆被科瓦人完全摘除了。

他们来到佛罗里达，在迈阿密，他们找到了默凯特所住的饭店，招待说，他一直没有回来。直到第二天中午，默凯特才回来，他神情古怪，精神恍惚，如痴如癫，他自己竟然不知道自己到哪儿去了，只觉得大睡了一觉。他摄制的有关 303 班机、宇宙飞船世界的所有的电视片胶带也莫名其妙地全没了。有关这一段的记忆，他也一点想不起来了。

很显然，科瓦人也让他走了一趟，他没有可吹嘘的了。

这期间，303 班机所有乘员的复制品也都神秘地失踪了。

那架从伦敦至墨西哥的不列颠航空公司的同温层喷气式客机也在失踪整整 24 小时的时候，如同预料的那样，像 303 班机一样，返回了。然而令专家手足无措的是，在这 54 个乘员中根本没发现任何生理化学上的变化，他们像没有发生任何事情似地继续他们的生活。他们也没像 303 班机乘员那样失踪。

这个谜至今还是无法解释清楚的。

至于莫布里、琼·韦尔和默凯特还有沃尔克，他们都坚信他们知道事情真相，但是他们一点证据都没有，这真相都在他们的脑海中，但是由于一种无法弄清的原因，他们却又都记不起来了……

10. 地球痛叫一声

一天，我的一位记者朋友马龙交给我一封商业信函。这封信函是查林杰教授寄来的。查林杰是个科学怪杰，他脾气火爆，急躁易怒，难以相处；马龙是他的好朋友。信函上说："我需要一位钻井专家，马龙先生介绍说您就是我要找的人。所以，我想把一件要事托付给您。事属高度机密，此处不便多谈。请您立即取消您所有的约会，于星期五上午 10 点半来我寓所一晤。"

我复了一信表示愿意如期赴约，然后就去拜访马龙，想向他了解一下查林杰的情况。

"听说查林杰这个人很怪。"我说。

"没错，"马龙答道，"世界上没有谁像他那样讨厌了。"

"为什么？"我问。

"他常跟人吵架，还行凶打人。"

"行凶打人？"

"如果你们发生了争执，他不把你推下楼梯才怪呢。他是个衣冠楚楚的原始穴居人，是那种 1000 年才出一个的怪物。他属于新石器时期，或者那前后。"

"可他还是个教授呢！"

"妙就妙在这儿。他是全欧洲最伟大的天才，又雄心勃勃，要把

一切梦想变成现实。他的同事拼命想拽住他，恨他恨得铭心刻骨，可是他们就像一大群拖网船想拽住一条巨轮一样自不量力。教授毫不理睬他们，径自向前猛冲。"

"他既然这样怪，我就不想和他打交道了，"我说，"我想取消和他的约会。"

"千万别这样。你还是得准时赴约。查林杰这个人还是挺讨人喜欢的。无论是谁，只要同他多接近，都会慢慢喜欢上他。啊，我还记得有一次他背着一个患天花的印度男孩走了一百英里路去找医生的事。他各方面都很了不起。如果你善于同他相处，他是不会为难你的。"

"我可不愿和他相处。"

"那你就是一个傻瓜。你听说过亨吉斯特高地的秘闻吗？"

"就是那个秘密勘探的煤矿？那到底是怎么回事？"

"现在我什么也不能透露，不过可以先告诉你一点情况。有一个做橡胶生意的人发了财，若干年前把财产赠给查林杰，条件是这笔钱要用于科学事业。查林杰就在亨吉斯特高地购置了一块地皮，那是一块很大的不毛之地。查林杰用铁丝网把它围起来，就在那儿掘洞。他对外宣称他要找石油。他建造了一个村庄，弄了一批工人住在那儿，付给优厚的薪金，让他们宣誓保密。他还喂了一群狼狗看着，这群狼狗差点让几个新闻记者送了命。好了，先告诉你这点情况。总之，这件事又新鲜又有趣，还能让你发财。你还可以有幸和这位空前绝后的伟人交往。你想想，拒绝这份美差不是傻极了吗？"

马龙说得有理。于是，星期五上午我便动身到查林杰家去了。我特别注意没有迟到，因为马龙说如果迟到了会叫查林杰训一顿的。到他家门口时还早 20 分钟，我就站在街上等着。突然，我看见有一个人从他家里冲出来，气得大喊大叫："这该死的家伙！这该死的家伙！"我定睛一看，原来那人我认识。他是承办亨吉斯特高地工程的二老板杰克先生。

"怎么啦，杰克？看来你今天早上火气不小。"

"你好，皮尔里斯。你也来参加这个工程？"

"是啊。"

"这人极难打交道。你瞧，他欠我们 42000 英镑，我今天是来讨债的，他竟然叫管家出来对我说：'先生，教授让我转达，他此刻正忙于吃鸡蛋，请你另找一个方便的时间。'真是岂有此理！"

"你这债收不回了吗？"

"不，收得回，他在这方面是讲信用的。说句公道话，他在用钱方面是挺慷慨的。不过要他付钱，那得看他什么时候高兴和高兴的程度。他可不给人留面子。你还是进去试试你的运气吧！"说完，他钻进汽车走了。

我等待着约定的时间到来。我有点心慌意乱，万一那疯子要和我动武，凭我的身体还是能够自卫的。我怕的是一旦发生这种事情会酿成一桩社会丑闻。时间到了，我大步朝他家走去。

"是约见吗，先生？"一个面无表情的老管家开了门。

"是的。"

他扫视了一下手中的名单。

"您贵姓，先生？……一点不错，皮尔里斯先生……10 点 30 分。请吧，查林杰教授正等着接见您。"

查林杰坐在一张桃花心木的写字台后面，像个庞然大物，一大撮铲形黑胡须，一双灰色的大眼睛被垂下来的眼皮盖住了一半，神情极为傲慢。他硕大的头颅向后仰着。我把自己的名片放在桌上。

"啊，是的。"他说，一边把名片从桌上拿起来，那神态好像名片有臭味似的，"不错，你是个专家——所谓的专家。我注意到你的名字是因为你的名字很滑稽。"

"查林杰教授，我到这儿来是谈生意的，不是来讨论我的名字的。"我说。

"我的天，你这人脾气倒不小，皮尔里斯先生。看来我和你打交道要当心。请坐下，别发火。"他看了我一下，接着说，"你结婚了吗？"

"没有。"

"那么你还是有可能保守秘密的。"他说。

"当然。"我说。

"我的年轻朋友马龙对你很推崇。他说我可以信赖你。目前我正进行一项人类历史上的伟大实验——甚至可以说是最伟大的实验。我请你参加。"

"不胜荣幸。"

"我已经得到你严守秘密的允诺，我就要来谈谈核心问题了。事情是这样，我认为我们生活的世界乃是一种生物；我相信，这个生物也有其自己的循环系统、呼吸系统和神经系统。"

很清楚，这家伙是个疯子。

"我看得出你听不进我的话，不过你慢慢就会相信的。你回想一下，一片沼泽地或者石楠丛生的荒地，多么像巨兽毛茸茸的肋部。这种比拟可以在一定程度上推及整个自然界。几百年间，大地的起伏就像这巨兽在缓慢呼吸。对我们这些小人国来说，这个生物的躁动和搔痒就是地震和灾变。"

"那么火山呢？"

"火山就像是我们身上的热点。"他说着，从桌上拿起一样东西给我看，"你看看这是什么？"

"一只海胆。"我说。

"对，一只普通的海胆。这只小小的刺海胆就是整个世界的模型。你看它差不多是圆形的，两端扁平，像不像地球？"

"生命是需要食物的，那么这个世界靠什么食物为生呢？"

"你提的问题好。让我们再来看看这个小海胆。周围的水从这个小生物的腔管里流过，以提供营养。"

"这么说你认为水……"

"不，先生，是以太。地球在宇宙中沿圆形轨道运行，有如牛羊放牧。运行中以太不断从中流过，给地球提供活力。金星、火星等，它们各有各的牧场。"

看来，这家伙简直发疯了。

"地球的硬壳无比坚硬。你想，在它的硬壳上有许多小虫爬来爬去，它会感到小虫的存在吗？"

"当然不会。"我说。

"那么你也可以想象，地球一点也不知道人类在以何种方式利用它。对于植物生长，对于微生物的进化，地球毫无知觉。这些小生物就像藤壶集聚在古代船舶上一样。这就是现状，这就是我想改变的现状。"

我吃惊地望着他："你想改变这个现状？"

"是的，我想叫地球知道，有一个叫查林杰的杰出的人要让它注意注意，这是第一次有人给它打招呼。"

"那么你怎么进行呢？"

他举起手中的海胆说："在地球这个大海胆的硬壳下面都是敏感的神经。要想引起它的注意就要在硬壳上钻个孔。再让我们用跳蚤或蚊子叮人皮肤来举例说明。我们也许感觉不到跳蚤和蚊子的存在，但它们的吸管一旦刺穿了我们的皮肤——也就是说我们的硬壳，就会引起我们的注意。现在你对我的计划大概有点明白了吧？"

"我的天！你想打个井钻穿地壳？"

"不错，"他闭上眼睛，有说不出的骄傲，"在你面前的就是第一位要钻穿这层厚皮的人，也许可以说是已经钻穿了这层厚皮的人。"

"你已经钻穿了？"

"是的，我们已经钻穿了地壳。深度正好是14442码，大约8英里多。我们在钻探过程中发现了大量的煤矿，光这项收入就可以抵消工程的开支。我们的主要困难在于下层石灰岩冒水和海斯汀流沙，不过我们已经克服了。现在已经达到最后的阶段——这一阶段正好是你的差事。先生，你就扮演蚊子的角色。用你的钻孔器代替蚊子叮人的吸管。我的话你明白了吗？"

"你说钻了8英里？"我叫起来，"你是否知道5000英尺已几乎被认为是打井的极限了？"

"我完全知道这个极限。这个问题不用你管。我只要求你准备好一根钻杆，越锋利越好，长度不超过100英尺。在我们大功告成之前，你的性命就维系于这根远距离操作的钻杆上了。"

"那么，我将要钻透的是什么土壤呢？"我问。

"姑且说是一种胶状物质吧。"查林杰说，"现在，你可以找我的工程总负责人签订合同了。"

我鞠了一个躬转身出来，可是没到门口，好奇心又留住了我，我忍不住问他："先生，这个非同寻常的实验的目的是什么？"

"走吧，快走！"他愤愤地叫嚷起来。他低下头去，他的一大把胡须戳到纸上弯成弓形，叫你分不清哪是头哪是胡须。就这样，我离开了这个怪人。

我回到我的办公室，看见马龙正在那儿等着我，要听听我这次会晤的消息。

"喂，"他嚷道，"他没有打人吧？你对他一定应付得很策略，你觉得这位老先生怎么样？"

"是我碰到过的人中最令人讨厌、最盛气凌人、最偏执和最自负的了。但是……"

"说得好，"马龙叫道，"说到后来，我们都有这个'但是'，这个伟人不是我们能用尺子衡量的。因此，我们在其他人那里忍受不了的，在他那里就能忍受得了，对不对？"

"不过他说的话可靠吗？"我问。

"当然。"马龙说，"我可以向你担保亨吉斯特高地是一桩实实在在值得干的事业，而且也快竣工了。目前，你只需静观事态发展，同时把你的工具准备好，我会给你消息的。"

几个星期以后，马龙就给了我消息。"一切都弄好了，现在就瞧你的啦。"他说。于是，我们就动身了。在途中，他给了我一张查林杰写给我的纸条，上面写道：

　　皮尔里斯先生：

　　你一到亨吉斯特高地，就听从总工程师的调遣，他手里有我的施工方案。我们在 14000 英尺的井底见到的景象，完全证实了我对星体性质的看法。你乘缆车下去时，会依次经过二级白垩层、煤层组、泥盆纪和寒武地层，最后到花岗石岩层。目前，在井底覆盖着防水油布，我命令你不得乱动。因为毛手毛脚地碰地球的表层会使实验流产。按我的指示，在离井底 20 英尺处横架两根结实的大梁，大梁之间留出空当夹住你的钻杆。钻杆的尖端要几乎触到防水油布。油布下的物质很软，将来只要把钻杆一松，它就可以把那物质戳穿。更多的情况，到亨吉斯特高地再说。

　　　　　　　　　　　　　　　　　　　　查林杰

经过一路颠簸，我们来到了亨吉斯特高地。这真是个神奇的地方，规模比我想象的要大得多。已从井中挖出了成千上万吨砂土和岩石，围着竖井堆成一个马蹄形的弃土堆，现在已变成相当规模的小山了。在马蹄形的凹处矗立着密密麻麻的铁柱和齿轮，操纵着抽水机和升降机；发电大楼后面是竖井口，直径有三四十英尺，井壁用砖头砌成，上面浇了水泥。我伸过头去看那可怕的深渊，感到头晕目眩。阳光斜射进井里，只能看见几百码内的白垩层。正当我打量的时候，发现在无比深邃的黑暗中，有一个小小的光斑，它在漆黑的背景中显得清清楚楚。

"那是什么光亮？"我问马龙。

"那是一架升降机上来了，"他说，"那道小小的闪光是一盏强大的弧光灯。它速度很快，几分钟就到这里了。"

确实，那针孔大的光越来越大，后来井里撒满了它的银辉。我不得不把眼睛从它炫目的强光中移开去。不一会儿，升降机蓦地落到平台上，4个人爬出来朝出口走去。

马龙把我领到一座小房子里。我们把衣服脱得一件不剩，先换上一套丝质的工作服，再穿上一双橡皮底的拖鞋。于是，我们在总工程师的陪同下踏进了钢网升降机，朝着地层深处疾冲而下。升降机高速运行，我们像是在做一次垂直的铁路旅行。

由于升降机是钢网围成，里外照得通明，我们对经过的地质层看得很清楚。在风驰电掣般下降时，我能认出每一层来：浅黄色的下白垩层，咖啡色的海斯汀层，淡色的阿什伯纳姆层，黑色的含碳黏土。再往下，在电灯光下闪烁的是交混在黏土圈中乌黑发亮的煤夹层。不少地方砌上了砖头，但总的来说，这竖井是靠自我来支撑的。对于如此浩大的工程和它体现的工艺技巧，人们不能不叹为观止。在煤层下面，我认出了外表像水泥的混杂层，然后很快来到原始花岗岩层。在那里，晶莹的石英石闪闪烁烁，似乎黑墙上点缀着金钢钻石粉末。我们下降、下降，不断地下降，降到人们从未到过的深度。古老的石头五颜六色，光怪陆离。我永远忘不了那玫瑰色长石地层，在我们强大的灯光下闪耀，表现一种尘世上见不到的美。我们一级一级地往下降，换了一架又一架升降机，空气越来越闷热。后来，甚至连轻便的丝质衣服也穿不住了，汗水一直流进橡皮底的拖鞋里。正当我觉得无法忍受的时候，最后一级升降机停下来了，我们踏进掘进岩石井壁的圆形平台。我发觉马龙露出奇怪的疑惑神色，朝井壁四周打量。

"这玩意儿可鬼了！"总工程师说着，用手摸摸身边的岩石，把灯光凑上去，只见那东西莹莹有光，上面是一层奇异的黏糊糊的浮渣状物质。"在这井底下，一切都在哆嗦和颤抖，太新奇了！"

"我也见过井壁自己颤动，"马龙说，"上次朝岩石里凿孔，每敲打一下，井壁就似乎朝后一缩。老头的理论看来十分荒谬，但是在这儿，就不敢说了。"

"如果你看到防水油布下的东西，恐怕就更没有把握了。"总工程师说，"这井底下的岩石，凿上去简直像乳酪。教授吩咐我们把它盖上，不许乱动。"

"我们看一眼总可以吧。"

总工程师把反光灯朝下照，他伛下身子，拉起拴住油布一角的绳子，露出被覆盖的那种物质的表层，大约有6平方码左右。

多么不寻常的景象啊，简直惊心动魄！那物质略带灰色，油光发亮，像心脏那样一上一下慢慢地起伏着。这种起伏，一下子是看不出来的。给人的印象只是它表面上泛起微微涟漪，很有节奏，逐渐扩展到整个表面。这表面层本身也不是匀质的。而在它的下面，像隔着层毛玻璃似的，隐约可看到有不甚明亮略带白色的斑点或泡泡，形状大小各不相同。面对这一奇景，我们 3 人站在那儿看得着了迷。

"确实像个剥了皮的动物。"马龙轻轻说。

"我的老天，"我叫起来，"要让我用一把鱼叉刺进这畜生的身体里去吗？"

"啊，"总工程师断然说，"要是老头坚持让我留在下面，我就辞职不干，太可怕啦！"

那灰色的表面突然向上隆起，像波浪一样，朝我们涌过来，然后又退下去，而且还继续出现像刚才那种隐隐约约的心脏搏动的样子。总工程师把油布盖好。

"看来这东西好像知道我们在这儿。"总工程师说，"是不是亮光对它有某种刺激？"

"那么，现在我的任务是什么呢？"我问。

"老头的意思，是要你把钻杆设法固定在这两根大梁之间。"

"好吧，从今天起我就接手这项工作。"我说。

可以想象，这是我在世界各大洲从事打井的历史中最奇特的一次经历了。查林杰教授坚持要远距离操作，他确实有道理，我一定得设计一种电力遥控的方法。我把一节钻管搬了下来，堆放在岩石平台上。然后把最下面的那一级升降机位置升高，好腾出地方来。我们把压铁挂在升降机下面的一个滑轮上，把钻杆伸下去，上端安一个杆头，最后又把拴压铁的绳子系在竖井壁上，一通电就会松脱下坠。在工作的时候我们特别小心，因为一不注意把工具掉到下面的防水油布上，就会产生难以预料的奇灾大祸。同时，四周的环境也叫我们骇惧不已。我们一次又一次看见井壁出现奇怪的颤抖，我触摸了一下，两手隐隐发麻。

完工后的第三天，查林杰教授向各方面发出了请柬。我们头天晚上就去井下对一切准备工作进行检查。钻孔器装好了，压铁调节好了，电气开关接通电流也很方便，可以在离竖井 *500* 码的地方操纵电气控制装置。

伟大的日子终于来临了。我爬上亨吉斯特高地，准备一览整个活动的全貌。整个世界似乎都在奔向亨吉斯特高地。极目望去，路上尽是密密麻麻的人群，汽车沿着小路颠簸驶来，把乘客送到大门口。只有持有入场券的少数人才有幸入内，其余大部分人只好分散加入已经集结在山坡上的大量人群中去。

11 点 *15* 分，一长串大客车把特邀贵宾从车站接到这里。查林杰教授站在贵宾专用围地旁边，身穿大礼服和白背心，头戴亮堂堂的大礼帽，浑身上下光彩照人。他面部的表情，既有盛气凌人的威仪，又有令人讨厌的慈悲，还混杂着老子天下第一的神气。他被来客中的显贵们簇拥着，登上了一座居高临下的小山就了座。然后他就大着嗓门对着众多的观众大发了一通宏论，接着宣布实验马上开始。

我和马龙急急忙忙朝竖井跑去执行我们的任务。*20* 分钟后，我们到了井底，掀开盖在表层上的防水油布。

我们眼前出现了一幅惊人的景象。这颗古老的星球凭借着神奇的宇宙心灵感应，好像知道要对它进行一次前所未有的冒犯，暴露的表层此刻像一只沸腾的锅子，巨大的灰色气泡冒起来，劈啪一声裂开。表层下的充气空间和液泡骚动不安，忽分忽合。面上微微横波，好像以更快更强的节奏左右摆动。一种紫黑色的液体似乎在表皮下蛛网般的血管里搏动。这一切都是生命在跳动。一股强烈的气味直呛人的肺部。

我正在全神贯注地看着这幅奇景，突然，我身边的马龙惊呼一声："我的上帝，瞧那里！"

我瞥了一眼，立刻放掉电线，纵身跳进升降机。"快！"我叫道，"不知还能逃得了命不？"

我们看到的东西实在怵目惊心。竖井的整个下部，似乎和我们在井底看到的景象一样，也渐渐活动起来了。四周井壁以同样的节奏一张一弛地搏动着。这动作影响到搁置大梁的洞眼。很明显，只要井壁稍微再后缩一点——只消几英寸——大梁就会塌下来。这样，我们的钻杆尖刃不用通电就会戳进地球的内表皮。我和马龙必须在这以前逃出竖井，这是性命攸关的事情。在地下八英里深处，面临着随时可能发生的奇灾大祸，怎不叫人魂飞魄散。

我们俩谁也忘不了这次梦魇般的经历。升降机嗖嗖地朝上直飞，然而一分钟过得像一小时那么慢。每到一个平台，我们就一跃而出，再跳进另一架升降机，一按开关，又继续朝上飞驰。从升降机的钢格子顶上望去，可以看到遥远的上方有一个井口的小光点，它越变越大，渐渐成为一个完整的圆圈。我们兴奋地盯着那砖砌的井口，升降机不断地朝上飞升——欣喜若狂、谢天谢地的时刻终于来到了。我们从牢笼中跳出来，双脚重新踏上草地。真是千钧一发啊！我们还没有跑离竖井 30 步，安置在井下深处的铁标枪已经刺进大地母亲的神经结，伟大的时刻来到了。

究竟发生了什么，我和马龙都无法说清楚。两人好像被一股旋风卷倒在地，像冰球场上两颗滴溜溜打转的小球在草地上打着滚，同时传来一声从未听到过的震耳欲聋的怒吼。在这一声嗥叫里，有痛苦，有愤怒，有威胁，还夹杂着大自然的尊严受到凌辱的感情。由这一切汇集成的骇人的尖声厉叫，整整持续了 1 分钟之久，好像上千只汽笛齐鸣。这声音持久而凶猛，惊呆了天地万物，随着宁静的夏日空气飘向远方，最后回响在整个南海岸。历史上没有任何声音能和这地球受伤的痛叫声相比。

从地壳里最先喷出来的东西是升降机，总共 14 架，依次射出，在天空中翱翔着，组成一条蔚为奇观的抛物线。

接下来的是喷泉。这是一种具有沥青浓度的黏糊糊的脏东西，向上猛喷到约 2000 英尺的高空。在上空盘旋着看热闹的飞机好像被高射炮打中了似地被迫着了陆，飞机和人一起栽进污泥中。这种可怕的喷泉，奇臭刺鼻，好像是地球维持生命所必需的血液，否则就是一种保护性的黏液，大自然用它来保护大地母亲免受查林杰之流的侵犯。那些不幸的报界人士，由于正对着喷射线，被这种污物弄得浑身透湿，以致好几个星期都走不进社交场合；那股被喷出的污物被风吹向南方，降落在耐心地久坐在山顶上等着看好戏的人群头上。

再接下来是竖井自动闭合。如同一切自然伤口的愈合一样，总是由内及外，大地也以极快的速度，愈合它重要机体上的裂缝。竖井井壁合拢时，发出高亢持久的劈啪声，先从地下深处开始，越朝上声音越大，最后一声震耳巨响，洞口的砖砌建筑猛然坍下，互相撞击。同时，像小规模地震一样，大地颤抖着，把土堆也摇塌了，而曾经是竖井井口的地方，砾石断铁之类倒堆起一座高达 50 英尺的金字塔。查林杰教授的实验不但就此告终，它的遗迹还永远埋在人眼看不到的地下深处。

人们愣住了，久久不能作声，全场一片紧张的沉寂。随后人们恢复了神智，他们恍然悟到这是卓绝的成就，是宏伟的构思，是神奇的工程。他们不由自主地一齐朝查林杰望去，赞美声从每个角落传过来。从查林杰所在的山顶上往下一看，是一片昂起的人头的海洋。查林杰从椅子上站起来，左手贴着臀部，右手插进大礼服的胸襟里。照相机就像地里的蟋蟀一样，咔嚓咔嚓地响着。6月的阳光照在他身上，好像镀上一层金辉。他庄严地朝四面鞠躬致意。科学怪人查林杰，先驱领袖人物查林杰，他是人类中迫使大地母亲予以承认的第一个人。

11. 地球历险记

飞碟穿云破雾，急驶直下，在离地面约50英尺的地方猛然刹住，然后是一阵剧烈的碰撞声，飞碟降落在一块杂草丛生的荒地上。

"这次降落真卑劣！"船长吉克斯普特尔说道。显然他的用词并不确切，他说话的声音，在人类听起来，就像只生气的母鸡在咯咯叫。机长克尔特克勒格把他的3只触手从控制盘上挪开，把4条腿伸了伸，舒适地放松了一下。

"这不是我的错，自动控制装置又出故障了，"他抱怨到，"可是你对这条5000年以前拼凑起来的飞船，又能有多大指望呢？要是这该死的东西是在基地的话……"

"行了！我们总算没摔成碎片，这比我预料的要好得多。让克利斯梯尔和当斯特到这儿来吧，我要在他们出发前跟他们说几句话。"

克利斯梯尔和当斯特显然同其他船员不一样。他们只有一双手和两只脚，脑袋后面也没有长眼睛，还有一些他们的伙伴极力回避的生理缺陷。然而正是由于这些缺陷，才使他们被挑选来执行这一特殊任务。这样，他们用不着怎么化装，就能像人类一样顺利地通过各种盘查。

"你们完全了解自己的使命吗？"船长问。

"当然了解，"克利斯梯尔有点生气地说道，"我跟原始人打交道又不是第一次，要知道我在人类学方面所受的训练……"

"好。那么语言呢？"

"那是当斯特的事。不过我现在也能说得相当流利。这是一种非常简单的语言，何况我们研究他们的广播节目已有两年多了。"

"你们在出发前还有什么问题吗？"

"嗯——只有一件事，"克利斯梯尔犹豫了一下，"从他们广播的内容来看，很明显，他们的社会制度是很原始的，而且犯罪和违法现象时有发生。有钱人不得不使用一种叫作'侦探'或'特务'的人来保护他们的生命财产。当然我们知道这是违反规定的，但是我们不知道是否……"

"什么？"

"是这样，如果我们能随身带两只马克Ⅲ号分裂器，就会感到更安全了。"

"这样对你们并不安全！如果大本营听到这话，我会受到军法制裁的。如果你们伤害了当地的居民——那'星际政治局''土著居民保护局'，还有其他几个有关机构就会缠住我不放了。"

"如果我们被杀了，不一样也很麻烦吗？"克利斯梯尔显然有些激动。"不管怎么说，你对我们的安全要负责。别忘了我给你讲的那个广播剧，剧中描写了一个典型的家族，在开演不到半小时，就出现了两名犯罪嫌疑人！"

"嗯……好吧。不过只能给你们马克Ⅱ号……希望你们在遇到麻烦时不要造成太大的破坏。"

"谢谢，这样我们就放心了。我会像你要求的那样，每30分钟向你报告一次，我们离开你不会超过两小时的。"

吉克斯普特尔船长目送他俩消失在山顶后，深深地叹了一口气。

"我真不知道为什么，"他说道，"为什么一船人非选他们俩不可？"

"毫无办法，"驾驶员回答说，"这些原始人碰到怪事会受惊吓的。如果他们看到我们来了，就会恐慌，到那时，当炸弹扔到我们头上来时，我们还不知怎么回事呢。所以对这事你不能急躁。"

吉克斯普特尔漫不经心地把自己的触手弯成一个6条腿的支架，他在忧虑时总爱这么做。

"当然，"他说，"如果他们同不来，我仍然可以回去，然后报告说这个地方太危险。"他心里忽然一亮，接着说："对，这样还可以省不少麻烦。"

"那我们这几个月对地球的研究就白干了？"驾驶员挖苦地说。

"这不算白干。"船长回答说，"我们的报告对下一批考察船会有用处的，我建议等过——对，等过 5000 年以后再来一次。那时，这个地方可能变文明了。虽然，坦率地说，我并不相信这一点。"

山姆·霍金斯波斯姆正准备吃他那配有奶酪和苹果酒的美餐，忽然看到有两个人影沿着小巷向他走来。他用手背擦了擦嘴，把酒瓶小心地放在像篱笆一样整齐的工具旁边，用略带惊骇的眼光凝视着他们走来。

"早上好！"他口含奶酪，微笑着向他们打招呼。

陌生人停了下来。其中一个偷偷地翻着一本小书。这本书搜集了一些常用短语和套话，例如，"在播送天气预报以前，先播送一项大风警报，""不许动，把手举起来！""向所有的汽车喊话！"等。但当斯特不需要这本书帮助自己的记忆，他立刻走上前去答话。

"早上好，伙计！"他操着 BBC（英国广播公司）播音员的口音说，"你能把我们带到离这儿最近的村庄、城镇或类似的公民集居的地方去吗？"

"什么？"山姆一边说，一边怀疑地对两个陌生人瞟了一眼。他发现他们的衣着有些奇特。他隐约地意识到这个人没穿一般人常穿的翻领衬衫和时兴的细条纹外衣。那个一直迷在书里的家伙实际上穿的是晚礼服，除了一条发亮的红领带、一双土气的靴子和一顶布帽子，简直可以说完美无瑕。克利斯梯尔和当斯特曾在衣着方面，尽了他们最大的努力。他们看的电视剧太多了！在没有任何其他资料的情况下，凭电视来缝制的服装虽然可笑，至少也会被人们理解。

山姆一边用手搔头，一边暗自猜想：是皮货商吗？可城里人也不会这么打扮呀！

他用手指指路，以一种 BBC 对西部地区广播的浑厚的口音告诉他们应去的方向。这种口音只有西部地区居民才能听懂，其他地区的人恐怕连 *1/3* 也难以明白。

克利斯梯尔和当斯特，这两个来自遥远行星的天外来客，面对这种情况简直一筹莫展。他们彬彬有礼地退了回去，极力想弄清楚一个大概意思，同时开始怀疑自己的英语是否像他们想象得那么好。

人类和天外来客的第一次会见，就这样匆匆结束了。

"我认为，"当斯特若有所思，但又不大有把握地说道，"是他不愿意帮忙吧。这倒也省了我们不少麻烦。"

"我看不像。从他的衣着和所干的活计来看，他不会是个有知识的或者说有价值的人。我怀疑他是否明白我们是谁。"

"嘿，又来了一个！"当斯特嚷道，用手指了指前面。

"小心点，动作别太猛，要不会惊到他的。我们自然而然地走过去吧，让他先讲话。"

前面那人大踏步地走过来了，好像一点也没有注意到他们。可是当他们还未明白是怎么回事，那人又忽然向远处跑去。

"怎么啦！"当斯特说道。

"没什么，"克利斯梯尔像哲学家似地回答，"也许他也没有什么用处。"

"别自我安慰了。"

他们生气地盯着菲西蒙斯教授离去的背影。只见他身穿老式旅行装，一边走一边聚精会神地读着一本《原子理论》，逐渐消失在小巷之中。克利斯梯尔开始不安地觉得，跟人打交道真不像他以前想象得那么简单。

小米尔顿是一个典型的英国村庄，半隐半现地坐落在一个笼罩着神秘色彩的小山脚下。夏天的早晨，路上行人很少。男人们都干活去了。村妇在她们的主人离家之后，正在整理家务。克利斯梯尔和当斯特一直走到村子中央，才遇到一个送完邮件骑自行车回来的投递员。他满面怨气，因为他不得不多走两英里路去把一封一个便士的明信片送到道格逊农庄，而且甘那·依万斯这个星期给他妈妈寄回的换洗衣服比平常要重得多，里面还夹了他从厨房里偷来的 4 听牛肉罐头。

"请原谅。"当斯特有礼貌地说。

"我没工夫，"邮递员根本就没有心思应酬这一偶然的问话。"我还得再跑一趟哩！"说完他就走了。

"真叫人无法容忍！"当斯特嚷道，"难道他们都是这样吗？"

"你还得耐心点。"克利斯梯尔说，"别忘了他们的习惯同我们的大不一样。要取得他们的信任还得需要时间。以前，我同原始人打交道时也遇到过这种麻烦。作为一个人类学家，一定要习惯这点。"

"那么，"当斯特说，"我建议咱们到他们家里去，这样他们该没法逃走了吧。"

"好吧，"克利斯梯尔半信半疑，"可是，千万别走进那些像寺庙一样的房子，否则我们会遇到麻烦的。"

老妇人汤姆金丝的住宅谁也不会弄错，即使最没经验的探险家也不会弄错。这位老妇人看到有两位绅士站在她家门口，显得非常激动。至于两个人的衣饰的奇特之处，她丝毫也没有注意。她正在想那笔意

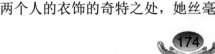

174

料之外的遗产和新闻记者对她100周岁生日的采访（她实际只有95岁，但她隐瞒了这一点）。她拿起一直挂在门边的石板，愉快地走向前去同她的客人打招呼。

"你们要说什么都写下来吧，"她手拿石板痴笑着说，"这20年来我一直耳聋。"

克利斯梯尔和当斯特沮丧地面面相觑，这真是一个预料不到的障碍，因为他们唯一见过的文字就是电视节目里出现过的通知，而且他们至今也未完全弄懂它的意思。但是，有着像照相机一样记忆力的当斯特，这时随机应变，趋步向前，尴尬地拿起粉笔，在石板上写了一句他自认为一定适合这种场合的英语。

汤姆金丝太太无限困惑地凝视着石板上的符号，花了好一会儿工夫，才猜出那是些什么字（当斯特把好几个地方都写错了）。可是，面对着这一句莫名其妙的话，她仍然搞不清是什么意思。这句话是：

"通话将尽快恢复。"

当斯特已经尽了最大的努力。可是这位老妇人一直不明白这是什么意思。

于是他们又到另外一家去试。这次运气好一点。出来开门的是一位年轻妇女，说起话来满脸堆笑。可是过不一会儿，她就翻脸了，"砰"的一声关上了门。门内传出歇斯底里似的笑声。这时，克利斯梯尔和当斯特心情沉重，开始怀疑他们伪装成普通人的本领并不像想象得那么有效。

在第三家门口，他们遇到非常健谈的史密斯夫人。她说话像连珠炮似的，每分钟 120 个字。可是她的口音却像山姆一样，根本听不懂。当斯特好不容易找机会道了声歉，然后又继续向前走去。

"难道这些人跟他们广播里讲的话不一样吗！"当斯特叹道，"他们要是都这么说话，那怎么能听得懂自己的节目呢？"

"莫非是我们把着落地点搞错了？"克利斯梯尔说。他这个一贯自信和乐观的人，也开始动摇。他们为自己的错误感到沮丧和难过。

在第六次，也许是第七次试探中，他们见到的不再是家庭妇女。门开了，一个瘦削的青年走出来，湿润的手上拿着一样东西，使这两位来客大为着迷。这是一本杂志，封面是一枚巨大的火箭，正从一个布满弹坑的行星上飞起。不管这是什么行星，反正不是地球。画面深处印着几个字："伪科学惊险小说，售价 25 美分。"

克利斯梯尔看了看当斯特。他们交换了一下眼色，说明他们一致认为：他们终于在这里找到了能够理解自己的人。当斯特兴奋极了，于是走上前去，跟那个青年人讲话。

"我想你一定能帮我们，"他彬彬有礼地说，"我们发现要使这里的人理解我们非常困难。我们刚从太空来到这个行星上，很想同你们的政府取得联系。"

"呵！"吉米·威廉斯说，他还没有从土星外部空间的探险中完全恢复过来。"你们的飞船在哪儿？"

"在山里边，我们不愿意惊动你们。"

"是火箭吗？"

"啊，天哪！那东西早在几千年前就淘汰了。"

"那么它是怎样飞行的呢？是用原子能吗？"

"我想是的，"当斯特说，他的物理学不怎么好。"还有其他动力吗？"

"别扯远了，"克利斯梯尔有点不耐烦地说道，"我们问问他，看他知不知道在哪儿能找到他们的官员。"

当斯特还未来得及说话，只听一个尖厉的声音从房内传来。

"吉米，谁在那儿？"

"两个……"吉米有点怀疑地说，"起码，他们看起来像是人，他们是从火星上来的。我不是常说，这种事会发生的。"

随后一个女人满脸凶气地从黑暗中走了出来。她用一种嫌恶的眼光瞪着这两个不速之客，又看了看吉米手里拿着的杂志，然后说。

"真不知羞耻！"她说着。打量了一下克利斯梯尔和当斯特。"我们家养了这么个没用的孩子，简直糟透了。他整天读这些乱七八糟的东西，这都是没有人管教的结果呀！你们是从火星上来的吗？我看你们是从那些飞碟上来的吧！"

"我从来就没有说我们是火星上来的呀！"当斯特无力地申辩道。

"砰"的一声，门关了，屋里传出了激烈的争吵声，然后是撕书的声音和一阵恸哭声。

"好了，"当斯特终于说道，"下一步该怎么办？他为什么说我们是从火星上来的呢？如果我记得不错的话，火星是离我们很远的星球啊！"

"我也不知道，"克利斯梯尔说，"但是我想他们会很自然地想到我们是从邻近的星球上来的。要是他们知道事情的真相，会大吃一惊的。火星，哼！从我看到的报告来看，那儿比这里更糟。"很明显，他的科学超然态度已开始动摇了。

"咱们离开这些屋子吧！"当斯特说道，"外边会有更多的人的。"

他们的话完全正确，还没走多远，就发现自己被一群孩子团团围住了。这些小男孩说话也是那么令人费解。

"我们要不要送点礼物哄哄他们？"

"好，你带礼物了吗？"

"没有，我还以为你……"

当斯特话还没说完，这几个家伙已经一溜烟似地跑到旁边一条街上去了。

这时，从街上走来一个身穿蓝色制服、仪表威严的人。

克利斯梯尔睁大了眼睛。

"是警察！"他说道，"大概是去调查一件凶杀案的吧。也许他会跟我们说两句话。"他半信半疑地补充道。

P.C.亨克斯惊奇地看着这两个陌生人，极力不让自己的感情流露出来。

"你好，先生们！你们在这儿找什么东西吧？"

"是的，正是这样。"当斯特用最友好、最讨人喜欢的语调回答道，"也许你能帮我们的忙吧。事情是这样的，我们刚降落在这个星球上，想和你们的有关当局取得联系。"

"什么？"亨克斯大吃一惊，愣住了。但不一会儿他又恢复了平静，因为亨克斯毕竟是一个聪明的青年人，他并不打算一辈子在这里干乡村警察。"那么，你们是刚着陆的，是吗？是坐太空船来的吧？"

"是的。"当斯特大大地松了一口气。这警察既不怀疑，也不发火，这要是在其他原始星球上，听到这种话肯定会激动的。

"好，好！"亨克斯用一种他希望能引起对方信任和好感的腔调说（即使他们使用暴力也没有关系，因为他们看起来是那样的瘦小）。"你们需要什么就尽管说好了，我会尽力帮忙的。"

"你真好，"当斯特说，"我们选择这么一块偏僻的地方着陆，因为我们不愿意制造恐慌。在跟你们的政府取得联系之前，知道我们的人越少越好。"

"我完全明白，"亨克斯回答道，一边急躁地用眼四处看了看，想找个人帮着给警长传个信。"那你们打算到这儿来干什么呢？"

"在这里谈论我们对地球的长远规划恐怕不合适。"当斯特怀有戒心地说道，"我能说的只是宇宙的这一部分应当得到调查和开发。我们一定能在很多方面帮助你们。"

"那真是太感谢你们了，"亨克斯会心地说道，"我看最好的办法是请你们跟我到派出所去一趟，在那儿我们可以给总理打个电话。"

"非常感谢。"当斯特怀有感激的心情说道。他们信任地跟亨克斯并排走着，尽管他有点想故意走在他们后边。就这样，他们来到了村派出所。

"这边走，先生。"亨克斯说，有礼貌地把他们领进一间陈设简陋、照明很差的房间。这间房简直是最原始的房间。他们还未来得及看完周围的环境，只听"咔"的一声，一扇铁栅栏门就把他们同向导隔开了。

"别着急！"亨克斯说道，"一切都会顺利的，我一会儿就回。"

克利斯梯尔和当斯特用惊奇的目光互相打量了一下，很快地得出了一个可怕的结论。

"我们被关起来了！"

"这是一座监狱！"

"现在该怎么办？"

"我真不知道你们这些家伙懂不懂英语，"黑暗里传出了一个怠倦的声音，"你们倒是让我睡个安稳觉呀！"

当斯特和克利斯梯尔这才意识到他们并不孤独，在这地窖的墙角里有一张床，床上躺着一个衣着不整的青年人，正用一双不满的眼睛迷茫地注视着他们。

"天哪！"当斯特嚷道，"你看他是个危险的犯罪嫌疑人吗？"

"暂时看起来不像很危险。"克利斯梯尔审慎地说道。

"喂！你们怎么也进来了？"青年人问道，摇晃着身子坐了起来。"看来你们是刚参加完化装舞会吧。哟，我的头！"他难受地朝前俯伏下去。

"化了装就得像这样被关起来吗？"善良的当斯特说道，然后继续用英语说："我真不知道我们怎么会到这儿来的，我们只是告诉了警察我们是从哪儿来的，这就是全部经过。"

"那么，你们是谁？"

"我们刚刚降落——"

"喂，没有必要再重复了，"克利斯梯尔打断他的话，"没有人会相信的。"

"嘿！"青年人再次坐了起来，"你们用什么语言讲话？我才疏学浅，从来未听过你们这种话。"

"我看，"克利斯梯尔对当斯特说道，"你应该告诉他，反正在警察回来之前什么也干不成。"

这时，亨克斯正在电话中同当地疯人院院长认真地交谈着，院长一再坚持他的病人一个也没有少，然而还是答应再检查一遍，待有了结果就给他回电话。

亨克斯怀疑是否有人在故意跟他开玩笑，放下听筒后，便悄悄地走向地窖。看起来这3个犯人正在友好地交谈，他便踮起脚尖走开了。应该让他们冷静一下，这样对他们有好处。他轻轻揉揉眼睛，脑子里还萦绕着他清晨时抓格拉哈姆进监狱时的那场搏斗。

这位年轻人现在已经清醒过来了，他对昨天能参加圣餐庆祝会并不感到后悔。可是当他听到当斯特讲的故事并期望得到他的回答时，又开始担心是否自己还未完全清醒。

格拉哈姆想，在这种情况下，最好的办法还是在幻觉消失以前就把这事尽量当成真的。

"如果你们真在山里有飞船，"他说道，"那你们肯定可以同他们取得联系，并让他们派人来救你们。"

"我们想自己解决，"克利斯梯尔不卑不亢地说，"另外，你还不了解我们的船长。"

格拉哈姆想，看来他们非常自信。这整个故事凑在一起也很合理，可是……

"你们能建造星际飞船，可是连一座乡村派出所也出不去，真叫人有点不敢相信。"

当斯特看了看拖着沉重脚步的克利斯梯尔。

"要逃出去真是太容易了，"当斯特说道，"但是，我们不到万不得已时是不会轻易使用暴力手段的。你不了解这会引起什么麻烦，也不了解我们将填写一种什么报表。此外，如果我们逃走了，你们的追捕队恐怕会在我们到达飞船以前就会抓住我们的。"

"起码在小米尔顿是抓不着的，"格拉哈姆咧开嘴笑着说，"如果我们能设法穿过'白鹿'，他们就更抓不着了，我的汽车就在那儿停着。"

"啊，是这样呀。"当斯特说道，他的精神又重新振作起来。他转过身去和克利斯梯尔激动地交谈了几句，然后谨慎地从内衣口袋里掏出一个黑色的小钢瓶，他小心翼翼地摆弄着它，就像一个少女第一次拿着一支上了膛的火枪一样。克利斯梯尔很快地退到地窖的墙角里。

就在这时，格拉哈姆忽然肯定地觉得自己非常清醒，确信刚才听到的故事完全是真的。

没有忙乱、没有电火花或五颜六色的射线，一段 3 英尺见方的墙壁静悄悄地溶化了，成了一堆锥形的小沙堆。阳光射进了阴暗的地窖，当斯特松了一口气，一边把他那神秘的武器收了起来。

"好了，过来吧，"他对格拉哈姆说道，"我们等你呐。"

没有人追他们，因为亨克斯还在电话中争吵不休。如果几分钟以后他回到地窖时，一定会发现他职业生涯中最叫人惊奇的事。当格拉哈姆重新在"白鹿"出现时，没有人感到奇怪，他们都知道昨天晚上他到哪儿去了，并希望在开庭审判时法官会宽恕他。

克利斯梯尔和当斯特极为不安地爬进一辆"班特力"牌小轿车的后座上,这辆汽车样子奇特,显得很不平稳,可是格拉哈姆亲切地称它为"玫瑰"。幸而放在一个生了锈的铁罩子下面的发动机是好的,很快,他们以每小时 50 英里的速度吼叫着驶出了小米尔顿。这简直是一种慢得惊人的相对速度,因为近几年来,克利斯梯尔和当斯特一直是以每秒钟几百万英里的速度遨游太空,现在却感到从未有过的害怕。当克利斯梯尔稍微恢复正常后,便掏出袖珍报话机向飞船喊话。

"我们正在返回途中,"他在狂风中嚷道,"我们找到了一个非常有知识的人,他现在正跟我们在一起,我们大概——呜——对不起——刚才我们正穿过一座桥——10 分钟以后就回来。什么?不,当然不是,我们一点麻烦也未遇到,一切都很顺利。再见。"

格拉哈姆回过头看了一眼他的乘客,这一看使他感到很不安,他们的耳朵和头发由于粘得不够牢,已经被风吹掉了,他们的真面目开始显露出来。格拉哈姆开始不安地怀疑,这两人似乎连鼻子也没有。唉,没什么,习惯成自然,时间久了什么都会习惯的,今后他还有足够的时间同他们打交道。

以后的事当然不说你们也会知道,可是这个关于第一次到地球着陆的故事,以前还从来未记述过。就是在那种特殊的条件下,格拉哈姆成了人类奔赴浩瀚宇宙的第一位代表。我们这些材料,都是当我们在天外事务部工作时,经过克利斯梯尔和当斯特的允许,从他们的报表中摘录出来的。

很明显,由于克利斯梯尔和当斯特在地球上获得的成功,他们被上司挑选去拜访我们神秘的邻居火星人。同样,毫无疑问,克利斯梯尔和当斯特鉴于上次的经历，当他们登船出发时，是那样的勉强。而从那以后，我们再也没有听到过他们的消息。

12. 火气球

又是一个独立纪念日的夜晚，伯尔格林神父想着，浑身颤抖。他感到像个孩子，又回到七月四日夜晚，天空崩裂，一簇簇火星儿四向散射，发出"噼噼啪啪"的声音。窗子震得叮叮作响，像是成千个散落的薄冰正在断裂消融。姑母、叔父和表兄弟们大声喊叫"哦！"好像是求助于天上的医生。夏夜的天空五彩缤纷。宽厚的祖父把火气球点燃，紧紧握在他非常温柔的手里，哦，回想起那些可爱的火气球，光芒柔和，翩翩飞舞，如薄绢，如羽翅，如黄蜂蜕皮后新生的彩翼，蓝的、红的、白的、爱国的——火气球！神父点燃的小蜡烛在温暖的空气里形成火球，在他的手里散发出光，他模模糊糊地看到死去很久的，已经发了霉的亲戚们的脸庞；那是光明的幻象，舍不得让它离去；因为它一旦离去就意味着生活又失去了一年，又失去了一个七月四日，又失去一种美丽的东西。从家里的门廊下，人们静静地望着火气球，红的、白的、蓝的，在温暖夏夜的星空中飘呀，飘呀，飘过伊利诺斯地区，飘过静静的河流，飘过沉睡的公寓大楼，最后消失在远方，永不复返……

清晨，伯尔格林神父醒来，蓝色火球的梦景依然挂在天上。

斯通神父似一根木头直挺挺地躺在那里，静静地睡着。

伯尔格林神父注视着火星人，他们一边飘游，一边看着他，他们是人——他知道。但他必须证实这一点，否则就要去见面目严肃的主教，主教就会慈善地让他停职。

但是，假如他们藏在很高的天穹里怎么去证明他们的人性呢？如何能使他们靠近些来为许多问题提供答案呢？

"他们从山崩中拯救了我们。"

伯尔格林神父站起来，离开一块岩石，向最近的一座山攀登。他爬到一个地方，一块悬崖垂直地矗立在二百尺的地面上，于是他停了下来。他冒着严寒，拼命地攀登，累得透不过气来。他站起身歇口气。

"如果我们从这儿摔下去，一定就没命了。"

他掷下一块卵石。过了一会儿，卵石才"咔哒"一声落在下边的石头上。

"上帝决不会饶恕我的。"

他又扔下一块卵石。

"这并不是自杀，是吗？假如我是出于对上帝的热爱……"

他抬起头来，把目光转向蓝色的球体。"但首先要再试一次。"他对着这些蓝色球体大声喊道，"喂，喂！"

回声飘荡，前后交织，然而这些蓝火球既没闪亮也没移动。

他向他们说了五分钟。当他停下来的时候，他向下看了看，发现斯通神父还在下面的小帐篷里慢慢地睡着。

"我非把一切都搞清楚不可。"伯尔格林神父走向悬崖的边缘。"我上了年纪，死就死了。上帝一定会懂得我为了他才这样干的吧？"

他深深地吸了口气，他的一生浮现在他的眼前。他想，过一会我就要死吗？恐怕我太喜欢活着了，使我更喜欢其他的事情。

这样想着，他走下了悬崖。

他跌下去了。

"笨蛋！"他喊道，他在空中翻滚着。"你错了！"岩石向他涌来，他看到自己撞在这些岩石上，上了西天。"为什么我干这种事？"但他知道为什么这样干，片刻过后，一片寂静，他摔下去了。风在他周围呼啸，岩石猛飞过去迎接他。

然后，群星移动，蓝光隐约出现。他感到自己被蓝光所包围而悬浮起来。又过了片刻，他轻轻地落在岩石上。他在这儿坐了好一会儿，他没有死。他摸摸自己，抬眼望着这些迅速遁去的蓝光。

"你们救了我！"他小声说，"你们不愿意让我死去，你们知道死是错误的。"

他跑向还在熟睡的斯通神父。"神父、神父，醒醒！"摇晃着他，使他醒来。"神父，他们救了我！"

"谁救了你？"斯通神父眨眨眼睛坐了起来。

伯尔格林神父把他的经历讲述一遍！"一个梦，一个噩梦；回去睡觉吧。"斯通神父烦躁地说，"又是你和你那马戏气球。"

"但我是醒着的！"

"好啦，好啦，神父，你镇静一下。好啦。"

"你不相信？你有枪吗？说真的，喂，把你的枪给我。"

"你要干什么？"斯通神父把小手枪交给他，那是他们为防止蛇或其他类似的预想不到的动物而带来的。

伯尔格林神父抓住手枪。"我向你证实一下。"

他用手枪对准自己的手开了一枪。

"住手！"

一道闪光以后，他们眼看着子弹在离手掌一寸的空气中停止了。子弹悬挂了片刻，周围就出现了蓝色的磷光，接着，"扑哧"一声落入尘埃。

伯尔格林神父对着他的手、脚和身子连开了三枪。这三颗子弹开始逗留一下，发出亮光，然后像死了的昆虫，落在他们的脚旁。

"你明白了吗？"伯尔格林神父说着放下手臂，使手枪顺着子弹的方向落下。"他们知道。他们能理解，他们不是动物。他们在道德的环境里去思考、去判断、去生活。什么样的动物能这样保护我呢？什么动物都不能这样做。只有另一种人才行，神父。现在你相信了吗？"

斯通神父凝视着天空和蓝光，接着，默默地跪下一条腿，拾起发热的子弹，用手心托着，然后紧紧地攥上。

13. 一个科幻故事

（一）外星人的警示

一天，我正在应用电脑研究九大行星的内部结构时。突然，电脑屏幕一黑，过了一会儿，电脑旁的音箱里响起了一阵悦耳的管风琴声，随即电脑上出现了一个青面獠牙的外星人首领，他还用生硬的语言对我说："听见了吗？地球人，我们三个月以后就会和你们这些自不量力的地球人战斗。你们不要鸡蛋碰石头啦！乖乖地投降吧！哈哈哈哈……"我气得直叫："哼！你们这些外星人有本事就比，小心我们把你们打得落花流水。"说完就按了一下图像炸毁按钮，随着"哗！"的一声，外星人图像就被炸得粉碎。我自言自语地说："看来，外星人是打算侵略地球了，在这以前外星人已经占领了八大行星，还在上面建了许多外星人基地，如果地球被它们占领了，它们也想用同样的手段对待地球，我得通知一下黄博士。"我急忙打电话给黄博士。正巧，黄博士正在和李博士一起散步，就带着李博士一起来了。我们三人坐在一起，讨论着作战计划……

（二）紧急准备

经过我们的讨论，我决定先攻击水星上的外星人基地，再消灭掉其他星球上的外星人。因为水星上的外星人最强，所以只要我们先消灭了水星上的外星人，那就等于我们胜利了。我把这个想法告诉了黄博士和李博士，并征求他们的意见，"黄博士、李博士，你们是否同意我的想法呢？"李博士轻轻地点了点头，黄博士还在那犹豫不决。我等不及了，问："我说你到底同不同意？说话啊！"黄博士终于答话了，说："我同意是同意，可就是我们到哪儿去买航天等离子飞船呢？""这么简单的问题。没事，我一定能买到飞船。我和一家航天战斗机公司的老板是好朋友，我们可以从他那购买到任何品种的飞船。"我胸有成竹地说。

说干就干，我来到电脑前，输入了航天战斗机公司的购买密码。

一会儿，那位老板就出现在了电脑屏幕上，还说："好久不见，最近你好像变瘦了，是不是太累了，我派人送些食物去给你补补身体，还要注意多休息。差点儿忘了，您要买什么？""那还用问，买 1000 架等离子飞船。做这么多年朋友，连朋友要买什么都不知道。"老板听了吓了一跳，用颤抖的声音说："请……问……请问你买这么多飞船干什么？"你知道老板为什么这么吃惊吗？因为等离子飞船是现代最好的飞船，它的功能有许多，可以自动隐藏在夜幕中，还能发出激光来攻击敌人，有时甚至能把敌人的飞船射出一个巨型大洞。等这种飞船的能量达到了极限，就能发出能消灭巨型飞船的能量大炮。这个飞船还有一个所有飞船都不能做到的功能，就是能把一个星球格式化，还可以把这个星球摧毁掉。公司老板看我不说话，就说："好好！就卖给你，明天你来取货。"说完就关掉了自动购买机，我转过头，心里暗想："飞船的问题搞定了，下面就是演习了。"

拿到了飞船以后，我们就来到太阳系外的行星演习。因为，只有太阳系外的行星没有被外星人占领，如果是在地球上就会影响人们的生活。我们降落到了一个火红色的星球上，对所有飞船做了一番详细的检查。你一定会感到奇怪，每艘飞船都有驾驶员，可以直接让驾驶员检查以后汇报啊！怎么需要我们去检查呢？告诉你吧，这些飞船除了我们驾驶的那架，都是自动化的，我们往哪走，它们就往哪走。我们选了一个开阔地进行演习，这次演习还算比较成功，不过我们还是发现了这些自动化飞船的一个缺点：它不会用那些高级武器，只会用导弹和空雷这些低级武器来攻击敌人。演习结束后，经过我们的改进，飞船已经没有缺点了。

我们回到地球，一边思考着攻打外星人的最佳方案，一边等待着和外星人决战的日子。一天，我猛然想起，外星人和我们地球人不同，它们是金属结构的，靠吸收二氧化碳等有毒气体维持生命，而人类是碳水化合物结构的，靠氧气维持生命，如果外星人来到地球上，哪怕空气里只含有0.1%的氧气，他们就无法生存。所以他们想取得胜利，只能利用氧气吸收器在太空中吸收地球中的氧气，使地球上的氧气被吸收的一点也不剩，如果地球上没有了氧气，外星人不费吹灰之力就能一举消灭地球上的所有人。

　　我们应该先下手为强，利用地球上繁殖力最旺盛的植物——紫藤泽兰、水葫芦，我们先用隐形飞船将紫藤泽兰撒在水星的外星人基地外，再将水葫芦的种子撒在水星唯一的湖泊——"生命湖"里，再用"大气穿透镜"把太阳光反射到水星上，使这两种植物在阳光的照耀下茁壮成长。

（三）攻打水星

　　一个小时以后，我们派去的水星探测船传来一个消息，A计划进展顺利，我们准备的种子都按原计划加速成长着。

　　水星探测船发回了很多现场图片，从这些图片上我们可以清晰地看到紫藤泽兰已经在外星人基地附近茁壮成长了。"生命湖"里已经长满了水葫芦，除此之外，资料上的数字显示出水星上空气中的氧气含量已经达到了10%，从应用高科技透视照相机拍摄的照片上还能看到外星人现在的反应，他们建造基地的工人是在1000米的高空作业，因为氧气基本上集中在500米以内的低空，所以他们没什么异常反应。可外星人用来防守基地的士兵看上去情绪非常低落，行动也非常迟缓，反应也明显迟钝了许多，看来他们是活不了多久了。不过外星人指挥人员好像没什么不良反应，可能是他们的抵抗能力比普通士兵强吧。

另外我还有一个重大发现，从几张照片的背景上可以看出，外星人正在给我种的植物喷洒药物，我估计一定是除草剂。看来，我们已经别无选择了，只能立即向水星上的外星人发起总攻了。

在我们的指挥下，所有正在待命的飞船都自动隐形，攻击状态也立即更改成自控状态。所有飞船都反馈回来了一个信息："现在已到水星上空，是否立即攻击？"我毫不犹豫地下达指令："进攻！攻击目标 111：403——外星人基地，出发！！"随即空间站里的监测屏上就出现了激烈的战斗场面。突然屏幕上出现了一个警告条："请立即下令攻击外星人首领的飞船，该飞船的速度非常快、反应非常灵敏，而且该飞船可以通过红外线探测到我方飞船的位置，已经造成我们的飞船损毁了 50 多架。"我一看情况不妙，赶紧下令让剩下的所有飞船立即撤回，以免造成更大的损失。并命令所有飞船在撤回前把随身携带的所有植物种子撒在水星上，之后将所有空间站的模式改为移动模式，将它们移动到水星四周，同时打开高辐射率的光能镜，因为这种光能镜如果同时运行，它们产生的光合作用的力量是太阳的 3 倍。这就是我的"B"计划。

显然外星人没有料到我会出这招，整个外星人基地立即乱作一团。根据可靠的资料显示，此时水星上的氧气含量已经达到了 50%，眼看外星人已经承受不住了。可我没想到，外星人的高层指挥人员居然用了三十六计中的最后一计"三十六计走为上计"。都逃到火星上去了。

我们继续追踪……

（四）战无不胜

我们继续追踪，来到了火星上。从这里可以清楚地看到火星外星人的一举一动，只见从水星来的外星人正在向火星外星人诉苦。

黄博士突然说："对了，我们听听外星人在说什么。知己知彼就能找到对付外星人的对策了。""说的也是！"我想了想说。我随即让人抬来了一架"探音机"，叫一个机器小人穿上隐形披风把一个千里传音的小喇叭送到外星人的大本营里。不一会儿，"探音机"就发出了外星人生硬的语言："二哥，求求你了，请你帮我们报仇雪恨吧！以后我们会好好报答你的！""不行，你明明知道我们敌不过地球人，你去找其他人吧！""求求你了！"……最后，火星人答应了。

我们见时机已到，驾驶所有飞船飞人火星，还没等外星人反应过来，我们已经不费吹灰之力攻占了他们的飞船控制中心、飞船仓库和机器人控制中心。外星人眼看自己的飞船和机器人都被我方控制了，都逃到了总部。外星人首领气愤地对水星外星人说："是你害了我们，把他关到地牢里去。"说完就独自一人坐上时空转换器到了天王星，因为那时外星人的国王正在天王星陪自己的小儿子，外星人首领到了那里，哭着对国王说："请你给我一些飞船吧！"国王问明了情况后，就对他说："好！给你 50 架战舰。"外星人急忙驾驶战舰试图返回火星。

可他哪里知道，我已经把他的星球格式化了，还在上面神速地栽了无数棵树和花草。外星人首领一回来就被氧气弄得神志不清，我们轻而易举就抓住了他。我们带着他来到天王星，叫国王投降，可外星人国王一点也没有同情心。竟然把黄博士和俘虏的飞船击落了，俘房当场死亡，黄博士被外星人活捉。李博士和我立即返回地球，准备好所有的武器，克服重重困难，把黄博士救了出来。接着，我们打败了剩下的所有星球上的外星人……

（五）美丽和平的太阳系

我们打败了所有外星人，回到了地球。

地球防卫团知道了，请我们去做他们的指挥人员。我们谢绝了他们的好意。地球防卫团见我们不答应，就把我们打败外星人的事告诉了星际监测团，他们把我们请去，奖给了我们三枚荣誉勋章，还给了我们"宇宙外星人克星"这个称号。一天，一位神秘人士给我打了一个电话，告诉我，地球上的总人口太多，地球不够大了。人们要搬到其他星球上，把其他星球移到合适的位置这个重任就交给我们了。

这个任务对于我们来说没什么难处，我们马上坐上飞船，来到了火星。我拿出了三个随身携带的"酒瓶盖"，李博士看到了这个"酒瓶盖"，火冒三丈地说："你在干什么？我们是在做任务，不是在玩酒瓶盖。"我平静地说："我这个可不是普通的酒瓶盖，它能变成是它9亿亿倍那么大的推进器，只用三个就可以把一个星球推走。可现在唯一的缺点就是没有燃料。""没问题，我的'无底瓶'变出来的燃料是用不完的。"黄博士说。我们安好设备，点好燃料，只听"嗖"一声，火星就到了离地球很近的地方。我们又以同样的方法把土星和木星都移了过来。站在土星上，远远地看见一艘大飞船正开过来。原来人们在地球上看见了停靠在地球附近的木星、火星和土星，就坐着飞船赶来了。

从此以后，人们一直过着快乐的生活，太阳系也永远保持着它的美丽与和平……

14. 新型防盗剂

李教授打了个哈欠。两星期以来，他绞尽脑汁，终于利用附近一家工厂的几种废液配制出一种无色无味、无毒无害的新液体。这种液体溶解力极强，任何物质接触到它，都立刻在表面生成一种黏性很强的胶状物。

半夜里，李教授被一种响声惊醒了。一开始，他以为是只老鼠。可是马上又觉得不对，老鼠怎么能拉开抽屉呢？他仔细听了听，明白了，但仍然躺着没动。他不怕偷盗，过去的发明奖金和专利转让费，除了化学实验用去一些，全部捐献给了儿童福利事业。那个小偷翻来翻去，没翻到什么值钱的东西，有些着急，一不小心把组合柜前的一个瓶子碰倒了。瓶子发出一声脆响，碎了。李教授再也躺不住了，那瓶子里装着刚研制出来的液体。

"老兄，你看仔细呀，这么马虎……"李教授一边说，一边按亮了床边的壁灯。

小偷吓了一跳，转身要跑，却"扑通"栽倒了。灯光下，小偷两手按地，想站起来，可双手好像和地板长到了一起，怎么也动弹不得。小偷急了，"咳"地大叫一声，猛然一挣，但只是屁股向前移了移，全身仍然未能挪动一厘米。

李教授见状，不禁乐了。他对小偷说："老兄，你不该打翻我这个瓶子呀。真是太妙了，你验证了我的防盗剂是完全合格的！老兄，你先耐心地在这里等着，我马上到专利局去一趟，它离我家不远。"李教授戴好帽子，开门走了。

15. 一小时睡眠

我和教授通过研究，提出了一个激动人心的理论：在不损害人体健康和不减少寿命的前提下，改变人的清醒与睡眠的比例。当然，我们是想减少人的睡眠时间，哪怕是一个小时。

之后，我们一直在实验室埋头搞实验，试验了 3000 多种物质。直到前不久，我们终于发现了几种有效的物质，但它们不够稳定。长时间的研究，没有得到显著成果，真够人心烦的。实验室气氛总是很沉闷，教授一反往日的幽默，变得一言不发。

那天早晨，我们把代号为 S_7 的新物质给黑猩猩做了注射。20 小时后，教授就像那只不睡觉的黑猩猩一样咧着嘴冲我笑，自嘲地说："我怎么也不困？难道 S_7 把我的睡眠也减少了？"

几个月之后，我们宣告取得成功：凡是吸入挥发物，或是注射 S_7 针剂的人，一天只需睡眠一个小时，就能保持一整天精力充沛，这习惯将终生不会改变。而且，使用 S_7 不损害健康，也不减少寿命。

S_7 太成功了，远远超出了我们的预料。一天一小时睡眠！世界为此震惊，大家纷纷要求我们提供。减少睡眠后，为了维持人体能量的平衡，人吃的食物就会增加，这也是理所当然的。但一般人都有时间去获得第二份职业，收入明显增加，在食物上多支出一些也无所谓。

S_7 彻底改变了几百万年来人类的古老习惯，人们普遍认为睡眠革命比以往任何一次革命都具有更为伟大而深刻的意义。

一天，我的朋友、著名经济学家罗尔斯先生来到了我们的实验室。

"先生们，请原谅我不懂自然科学，"罗尔斯一进门便一本正经地说道，"我想请教你们，能否加速动物的生长速度？"

我想了想说："增加一些是没问题的。"

他又问："那么，能否增加植物的生长速度呢？"

教授笑着说："在自然条件下，还没有办法解决这个问题，因为我们无法让太阳只睡一个小时。"

罗尔斯急切地说："这就对了。你们知道 S_7 虽然缩短了人的睡眠时间，我本人也从中获益不浅，但是，人类食物的消耗量增加了一倍，现在地球上已有 70 亿人……"

沉默了很久，教授才迟疑地说："要让 70 亿人放弃 8 小时睡眠，这可是个麻烦的问题……"他忽然加快了语气，"亲爱的罗尔斯先生，请问您是否愿意恢复 8 小时睡眠的老习惯呢？"

16. 博士遇难

在遥远的未来，罪恶的黑星和他的军队为了控制地球而发动了

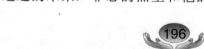

战争。以查喀尔博士为首的麦克瑞小组，为了维护正义奋起反击，成了黑星的唯一对手。双方几次交战，黑星屡屡遭到失败。他召集几位忠实干将，一起策划新的阴谋。

佛雷兹博士首先出谋划策："陛下，威廉·布里杰博士研究的流星动力已经获得成功，它肯定能帮助我们征服地球。"

"谁去拿呢？"黑星问。

"我手下的间谍一定能办到。"独眼龙布莱特上尉接受了任务。

这时候，在瑞典皇家科学院大会上，科学家们正在为布里杰博士荣获这一年诺贝尔物理奖而热烈鼓掌。忽然，后排几个座位上出现了几位行踪可疑的人，虽然他们也在鼓掌，可是眼睛却紧盯着布里杰博士身边的那只公文箱。他们就是布莱特上尉派来的骷髅间谍。会场上他们无法下手，就在去机场的途中，把布里杰博士绑架到了一幢房子的地下室里。

"快把那只文件箱交给我们！"骷髅们喊道。博士看了他们一眼，平静地说："现在我没有什么好选择的，你们把它拿去吧。"说罢，博士把箱子提了起来。就在骷髅们冲上前来抢的时候，博士按动箱子上的一个红色按钮，"轰隆"一声巨响，箱子里的高效炸弹爆炸了，布里杰博士和他的公文箱，连同黑星的喽啰们都同归于尽了。

布里杰博士的儿子内森得到这个消息，悲痛万分。去年，妈妈因为意外事故离开了人世，如今，爸爸又被害死，只剩下他一个人，今后该怎么办呢？

忽然，一把雨伞遮在了他的头上。内森扭头一看，原来是一位老人。老人说："我是你爸爸的同事查喀尔博士。你爸爸曾委托我作你的保护人。现在，快跟我走吧。"

这时，从远处传来了一阵怪叫声。"这是什么声音？"内森奇怪地问。"孩子，黑星没能从你爸爸那里拿到他想要的东西，所以派骷髅来抓你了。快走吧！"查喀尔博士催促道。

　　博士带着内森奋力冲出骷髅的包围圈，来到了麦克瑞基地。内森的机器人"保姆"安迪已经等候在门口："早上好，内森。今后这里就是我们的新家了。"

　　查喀尔博士说："是啊，今后我们就是一家人了。我来介绍一下，这是凯茜，我们的行动总管；这两位是加森和斯科特，出色的战斗机飞行员……"博士的话还没有说完，一个响亮的声音从头上传来："查喀尔博士，怎么不向内森介绍我呢？"

　　"咦，这是谁呀？"内森好奇地抬头望去，除去一大片闪烁发光的指示灯以外，什么也没有。

　　"我来介绍，这是雨果，我们基地的电脑中心。"

　　突然，基地控制室的红灯一闪一闪，同时传来雨果的声音："战斗警报。黑星派来大量飞机正向麦克瑞基地飞来。"博士立即发布命令："麦克瑞小组做好战斗准备。"加森、斯科特、凯茜迅速带上头盔，坐上了各自的驾驶座椅。博士一声令下，三个驾驶座椅进入了三架飞行器里，迎着黑星的飞机高速飞去，一阵炮火，打得骷髅驾驶员哇哇直叫，黑星的进攻被粉碎了。

　　查喀尔博士告诉大家，今后麦克瑞将以一艘大型飞船为基地，驱动飞船的能量就是布里杰博士研究的成果——流星动力，由电脑中心雨果指挥。飞船起飞了，它不断升高，当高度达到纽约摩天大楼的最高层时，忽然火光一闪，飞船融化在耀眼的亮光里，变成了一束旋转的光线，消失在茫茫天际。

黑星从显示屏中看到了麦克瑞飞船起飞的情况，怒气冲冲地对部下说："麦克瑞飞船已经发射了，你们说怎么办？"

布莱特上尉说："陛下，您别着急。我派去的骷髅兵已进入飞船。"显示屏上，一群骷髅兵正在飞船里四处搜索着。

雨果也发现了飞船里的骷髅，他及时将情况报告给查喀尔博士。

"立即干掉他！"博士斩钉截铁地说。没多大工夫，骷髅兵已片甲不留，完全被解决了。

内森加入了麦克瑞小组后，常常思念起去世的爸爸。有一天，他终于梦见了爸爸。爸爸对他说："我在发明雨果的时候，就将我的脑纹输入它的线路，雨果就是根据我的意志在指挥麦克瑞的。今后，我们可以通过计算机交谈。内森，我有许多东西要教给你，再见了，我的孩子。"内森醒后，把梦中的情况告诉了查喀尔博士。博士相信布里杰的遗传因子，一定会在内森的身上发生作用的，使内森去完成布里杰尚未完成的伟大事业。

就在这时，雨果的声音又传来了："黑星知道布里杰博士的思维已经灌进内森的潜意识中，因此黑星将竭尽全力抓获内森。"

17. 万能皮包

先生每次外出时，总带着他那个常用的皮包。于是朋友们奇怪地问他："您这个皮包已经用了很长时间了吧？您有没有把它忘了的时候？"

"这是我的发明，它里面装着特殊装置。如果我离开它 10 米以外时，它就自动响铃。它的性能还不仅如此，当我要走出旅馆时，如果我忘记把某些要带的物品装进去，它就会自动亮起红灯来提醒我。再有，当我忘记给亲友买礼品的时候，它也会及时提醒我。"

朋友们非常赞许地说："这实在太方便了。早晨也能按时叫您起床吗？"

"当然，只要在临行前夜把日程表装进皮包的装置里就行了。每当上车、上船、上飞机的时候，它就自动替我向检票人员出示联运票。旅馆结账的时候，它能很快把账单计算得一清二楚，所以根本不用我再伤脑筋……"

"哎呀，真令人吃惊。这样一来，您在旅途中的一些操心事，就完全不用您去操劳了。"

"我还打算把它给改装一下，譬如到外围去，它可以把我的话翻译成那个国家的语言……"

"那简直是奇迹了。您有这样的皮包实在令人羡慕，您一定愉快！"

"也不完全是这样。"

先生好像还有些不满足的样子，朋友们惊诧地问道："那是为什么呢？"

"我认为只有在旅途中发生某些想不到的失误才有乐趣。如果连半点失误都没有，那就没有乐趣了。"

"那好办，您干脆把这个包忘了吧！"